庫

# 極北に駆ける

植村直己

文藝春秋

# 極北に駆ける●目次

## ポーラー・エスキモーを見つけた



## 極北に生きるひとびと

## エスキモーとの狩猟生活



## 私の犬橇訓練計画

# 極北に駆ける

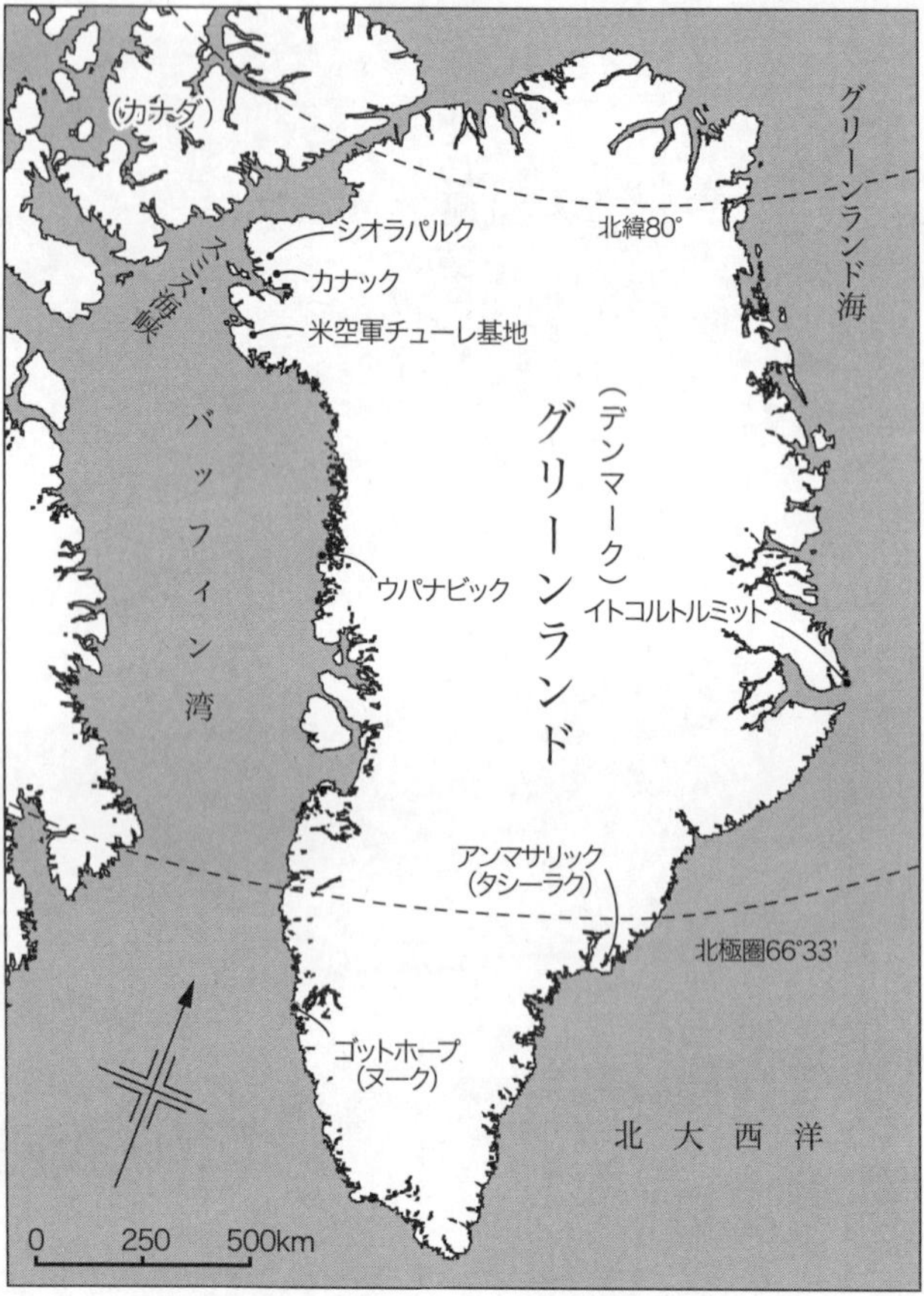


注:1979年にグリーンランド自治政府が発足。同島最大の町
ゴットホープ(ヌーク)は、自治政府首都になっている。

# ポーラー・エスキモーを見つけた

章扉の写真
シオラパルクの子どもたち。肉貯蔵のためのヤグラにて

# 極北のエスキモー部落

一九七二年九月十一日、私の乗った全長五メートルほどの小さな焼玉船《やきだま》は、大西洋から北極海へ抜けるスミス海峡を、シオラパルクへ向って、ポンポンと頼りなげな音をたてて進んでいた。グリーンランド内陸から押し出された氷河が鋭く落ちこんだフィヨルド（氷河の浸食によってできあがったU字谷に、海水が浸入してできた細長い入江《いりえ》。リアスにくらべて一般に水深が大きい）の黒みがかった海には、真白い氷山が点々と浮んでいる。とにかく極寒の海だ。落ちたらたぶん一分と命はもたないだろう。われわれの命はイミーナ老人の舵《かじ》さばきひとつにかかっていた。老人は船尾にドッカと腰をおろし、足で器用に舵をとりながら、船腹にぶちあたりそうに近づいては遠ざかる氷の塊りを指さして、前歯の抜けた口をいっぱいにあけて驚いてみせる。

波ひとつたたない青黒い海。そこに次から次へとあらわれる氷山を見ていると、そんな不安もいつしか忘れてしまった。海面からそびえたつ氷山は、山型をしていたり、テーブル型をしていたり、ひとつひとつみなちがっている。山型にしたところで、エベレストのようにとがった形をしたものや、ただ針のようにつったったもの、側壁がついたてのように垂直に海に落ちこんでいるものなど、長い間世界の山にいどんできた私に興味はつきない。もしあれが山だったら、どんなルートがとれるだろうか。あそこの壁は、すこし時間はかかるが、大きくまわりこんだほうが安全だろう。あの大きく張り出した氷のオーバーハングは、スクリュー・ハーケンをベタ打ちしないと、六十キロの体重はささえきれないだろうな。

そんなことを考えながら氷壁を目で登っていると、時間はアッという間に過ぎ、チューレを出てから四時間もたったとはとても思えない。

午後も七時半をまわり、太陽は西の空に大きく傾いていた。船が上下するたびに、太陽は氷山の間に見えがくれする。気温はいま何度くらいだろうか？　羽毛服を着ていても、身体にふるえがくるほど寒く、手は、ポケットにつっこんでいてもかじかんでくる。私は同乗しているエスキモーの子供たちと、海に落ちるマネをしながら遊んだ。こうやって身体でも動かしていなければ、この寒さはとてもがまんできない。

太陽の光を横からうけるようになると、気温はさらに低くなった。太陽は水平線まで沈み、氷山は夕陽をうけて赤く染まっている。子供たちの顔も、そして私と視線があうたびにニヤニヤ笑って愛嬌《あいきょう》をふりまいているイミーナのかけた前歯も、夕陽をうけて赤い。

この焼玉船は、われわれが速足で歩くくらいのスピードだから、せいぜい時速十キロといったところだろう。舳先《へさき》からひろがる波と、海面にうつし出された氷山の影が、二重、三重にかさなりあい、幾重にもなって消えてゆく。

冷える身体を羽毛服のうえからかかえこみ、身体をゆすっていると、イミーナが、

「イッキャンナット……」

と笑いながら大声で怒鳴った。なにをいっているのかサッパリわからない。私に声をかけたのだろうか？　それもわからないままに、私もなんとなく笑いかえすと、イミーナはもう一度怒鳴った。

「イッキャンナット、ジャパニ」

やっぱり私だった。なにを意味しているのかわからないが、〝ジャパニ〟といっている。私は、冷たい海に落ちないように注意しろ、とでもいっているのだろうと思い、船の真中のマストに寄りかかって、ニヤリと笑いかえした。するとイミーナは、舵をとっていた足をおろして私の横にやってきた。どうやらちがったらしい。イミーナは、首を縮め、身体を低くおおきくふるわせるともう一度、「イッキャンナット」と言った。「イッキャンナット」は、「寒い」という意味だったのだ。私も大きくうなずき、「イッキャンナット」と言って、おおげさに寒がってみせると、イミーナは「イイ」（そうだ）と満足そうなほほ笑みを浮べて、船尾にもどっていった。

右手には、グリーンランドが黒々とした地肌を見せていた。沿岸の氷冠をいただいた

山のうえから、海にむかって急激にきれ落ちている岩肌には、植物のけはいはどこにも見られない。ただ黒々と無気味に居すわっているだけで、出発してから六時間もたつというのに、岩のゴロゴロしている海岸には、人影ひとつみえなかった。ここでは人間はおろか、動物さえ住めそうにない。昼間頭上に舞っていたカモメの姿も、いまはもうない。そのとき突然、目の前の氷山がとぎれ、これまで見なれた海岸の光景が一変した。夕陽の残る氷帽をいただいた山の下の台地に、マッチ箱のような家の点在する部落が私の目にとびこんできたのである。家の前に動く人影がアリのように見える。世界最北のエスキモー部落、シオラパルクだ。

これから一年、私が生活しようとしているこの極北の部落には、いったいどんな事件が待ちうけているだろうか。私は期待と不安のいりまじった複雑な気持で、だんだん大きくなってくるシオラパルクの部落を見つめていた。

# 初めて生肉を食う

デンマーク領グリーンランドは、大西洋と北極海のあいだに浮ぶ世界最大の島で、その面積は日本の六倍もある。夏でも気温はマイナス十度、島のほとんどが北極圏にぞくするという極寒の地だ。私がこの島の北端のエスキモー部落にやってきたのは、南極大陸横断という夢の計画の可能性を確かめるためであった。

一九七〇年八月、アラスカのマッキンリー（六一九一メートル）の単独登山に成功したその日から、南極大陸の犬橇《いぬぞり》による単独横断の夢は、私のなかで徐々に大きく育っていった。それまでの私の目標は、五大陸最高峰の単独登山にあった。一九七〇年五月のエベレスト（八八四八メートル）こそ単独登頂は不可能だったが、アフリカのキリマンジャロ（五八九五メートル）、ヨーロッパのモン・ブラン（四八〇七メートル）、南アメリカのアコンカグア（六九六〇メートル）と次々に目標を達成し、マッキンリーでこの計画を完了したのだった。それ以後、私は南極横断の夢にとりつかれたのである。日本列島徒歩縦断《じゅうだん》三千キロをおこなったのも、南極横断距離の三千キロを、実際にこの足で確かめてみたいと思ったからである。南極の偵察《ていさつ》行もやった。そしていま私は横断に必要な技術と、南極がもつ極地特有のきびしい気候に身体を順化させる能力さえつけば、この計画は不可能ではないと確信している。

私がグリーンランド最北の部落シオラパルクでの生活を計画したのも、きびしい極地気候への順化能力と、犬橇技術の会得を考えたからである。

こう言えば、中には「犬橇の訓練ならば冬の北海道でもカラフト犬をあつめてできるではないか」という人がいるかもしれない。しかし、北海道では、犬橇は生活に必要な交通機関としては使われていない。カラフト犬がいかに犬橇犬としての能力を持っていたとしても、家の中で主人に頭をなでられ、ペットとして飼われている犬では、イザというときに役にはたたない。子犬のときから空腹に目を血ばしらせ、ムチ打たれながら橇をひいたことのない犬では、真の犬橇技術の習得は望めない。それには極地に住むエスキモー部落にはいり、彼等といっしょに生活しながら学ぶのが、一番良い方法に思えた。それから私の候補地探しがはじまった。

## 残された最後のエスキモー部落

極地に住むエスキモーは、北極海沿岸のシベリア、アラスカ、カナダ、グリーンランドなどに分布している。主食とする食料によってカリブー（トナカイの一種）・エスキモーと呼ばれたり、住んでいる地名によって、コッパー・エスキモー、マッケンジー・エスキモーと呼ばれたりしている。私は適当な候補地を探しもとめた。

シベリアはどうだろう？　しかしシベリアの場合、ソ連領という関係上、資料もなかなか手にはいらず、犬橇を生活の中で使っているエスキモーを探すことは困難だった。もっとも、見つかったとしても、そこで生活する許可が果してとれるかどうか疑わしい。アラスカ、カナダについていえば、これはもうかなり文明化したエスキモーといってもいいだろう。アラスカの中心都市、アンカレッジ周辺のエスキモーなどは、日本人より高水準の生活をしている例がザラである。ベーリング海峡に面する一部には、犬橇を持つエスキモーも住んでいるが、それはいずれも観光客相手に金を稼ぐ小道具になっており、ここも犬橇訓練という私の目的にかなうものではなかった。カナダ・エスキモーというと、よくイグルー（雪の家）の写真がでてくるが、これとてもすでに住むためのものではなく、写真をとらせるための小道具にすぎない。

ところが、理想の場所を探しあぐね、なかばこの計画をあきらめかけていた私に、耳よりな情報がとびこんできた。グリーンランド最北端に人口約六百人ほどの純粋エスキモーが住み、ある程度文明化した南部グリーンランドとは孤立して、冬には犬橇を走らせ、モリを持ってアザラシやセイウチを追う狩猟生活をしているというのだ。グリーンランドでチューレ地区と総称されているところに住む、ポーラー・エスキモーがそれであった。おまけにこのチューレ地区は、南極の昭和基地よりも極点に近い。犬橇訓練ばかりではなく、極地気候への順化という意味でもここ以上の場所はなかった。私はチューレ地区の一部落シオラパルクをひそかに生活の場ときめた。北極点まで千三百キロという世界最北のエスキモー部落だったからである。

しかし私ひとりがそう思いこんだところで、孤立した彼等の社会は、異国人である私を快く受けいれてくれるだろうか。理想の場所が見つかったうれしさと同時に、一抹《いちまつ》の不安もぬぐいさることができなかった。

### 初めてシオラパルクにはいる

私が初めてこのシオラパルクの部落にはいったのは一週間前の九月四日のことである。実際の生活にはいる前に、部落をこの目で見ておきたかったし、しばらくのあいだ居候《いそうろう》を引き受けてくれる家も見つけておきたかったからだ。

この偵察行でのった船は、年に一回、デンマーク政府が夏の氷のとける時期をえらんでチューレ地区に出す、物資補給船だった。この船はチューレ地区に点在するエスキモー部落へ生活物資を補給し、帰りにエスキモーのとったアザラシや北極ギツネなどの毛皮を本国へ持ち帰るのである。私はシオラパルク以外に候補地を考えていなかった。しかし言葉も風俗も習慣もまったくちがう人たちである。一片の紹介状もない私を受けいれてくれるだろうか。私の不安は大きかった。私は受けいれを拒否されたら、部落の近くに穴を掘り、ひとりで生活することまで考えていた。しかしそれさえ拒否されたとし

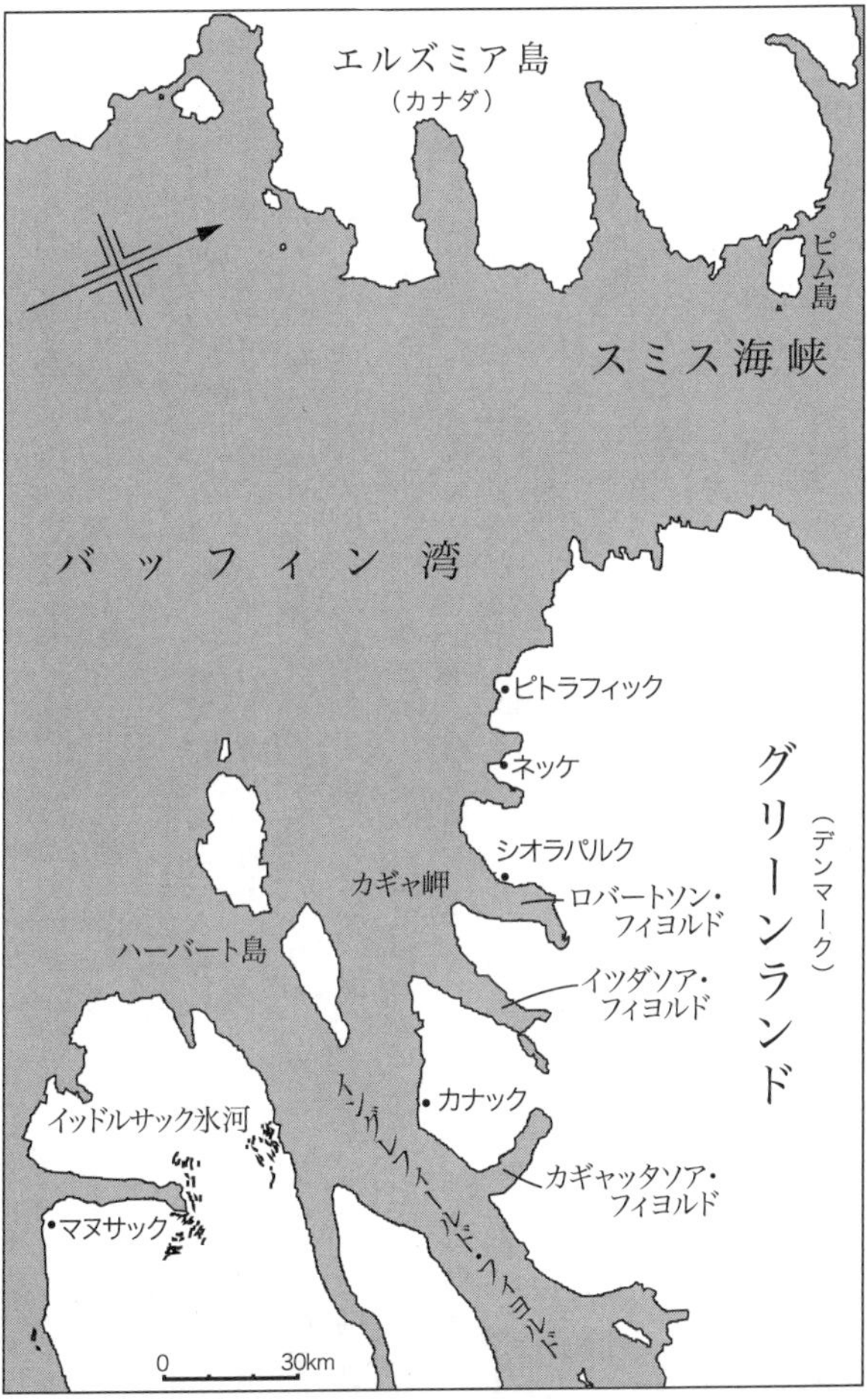
エルズミア島
（カナダ）
ピム島
スミス海峡
バッフィン湾
ピトラフィック
ネッケ
グリーンランド
（デンマーク）
シオラパルク
カギャ岬
ロバートソン・フィヨルド
ハーバート島
イツダソア・フィヨルド
カナック
イッドルサック氷河
カギャッタソア・フィヨルド
マヌサック
0
30km

シオラパルク周辺地図

たら――そのときは私の南極計画も大きく変えなければならない。私はそこまで腹を決めてこの偵察行に臨《のぞ》んだのだった。

岩山からゆるやかにくだった海岸にシオラパルクの部落はあった。むき出しの岩がゴロゴロころがっている平地には、マッチ箱のような平屋が二十軒ばかり点在している。荷おろしがはじまった。ドラムカンを並べてむすんだ浮き舟に、クレーンで荷をつみおろし、それをエスキモーたちがロープで引き寄せて陸あげするのだ。私はその浮き舟のうえにのりこんだ。海岸には四、五十人のエスキモーがあつまり、なにか意味のわからないかけ声をあげながらロープを引いている。しだいに岸に近づく浮き舟に、子供たちは興奮しているのだろう、浜辺《はまべ》をかけまわっている。石炭、石油、食料、衣料、そして狩猟道具……彼等にとって待ちに待った年一回の補給物資なのだから無理もない。

しかし私は、彼等のうれしそうな表情や叫び声とはうらはらに、不安を押えることができない。ただ日本人とまったく変らない顔つきに、わずかな希望をつなぐだけであった。

かけ声が一段と大きくなり、荷をタップリつんで水面深くまで沈みこんでいた浮き舟は、波打ち際におおきくのりあげてとまった。そして浮き舟と岸の間に二枚の板がわたされると、エスキモーたちがいっせいにのりこんできた。日本ではもうほとんど見られない青っ洟《ぱな》を二筋たらした三、四歳の子供から、もう何十年もはいているのだろう、汚れて黒びかりした白熊のズボンをはいた老人までが、杖をつきながら足を引きずりのりこんでくる。みな荷のうえに立ち、大声で叫びながらいかにもうれしそうだ。登山靴に羽毛服を着こんだ私には、チラリと視線をなげるだけで、なんの反応も見せない。浮き舟のうえはエスキモーたちでいっぱいになってきたし、おまけにまったく無視されているとあっては、ここにいても意味はない。私は岸にとびおりた。

不安定な焼玉船やドラムカンの浮き舟に身体が慣れていたせいか、シオラパルクの固い土のうえに立つと違和感をおぼえる。赤茶色に塗ったマッチ箱のような家の前には、犬がまるくなり死んだようになって寝ている。ヤグラにぶらさげてある黒い塊《かたま》りは、アザラシの肉だろうか、それともセイウチの肉だろうか。私は特別自分用の食料は用意してきていなかった。エスキモーの生活に完全にとけこむためには、自分ひとり特別食をとるわけにはいかないのだ。しかしそれにしても、このエンジン・オイルをふりかけたようなうす汚れた肉を、私は食べることができるだろうか。黒い油がしたたり落ちている地面には、人糞《じんぷん》らしいものが山をなしていた。前にもいったように、居候を引き受けてくれる家が見つからなければ、地面に穴を掘ってでも生活するつもりだった。しかし間もなくそれがいかに甘い考えであったか、イヤというほど思い知らされたのである。私は適当な場所を探しながら、海岸べりをブラブラと歩いていたのだが、なにげなくけりあげた石がビクともしないのには驚いた。地面はかたく凍りつき、スコップ程度の道具では歯が立ちそうにない。穴などとても掘れたものではない。こうなったらどうしても寝起きする家を探さなければならない。

## 必死でやった〝ラジオ体操〟

荷あげがはじまった。補給品は一袋一袋エスキモーたちの背にかつがれ、浜辺にはみるみる荷の山がきずかれてゆく。エスキモーたちのなかにとびこんでゆく手がかりのまったくないいま、これを見すごす手はない。荷あげを手伝うことで、なにかきっかけをつかむことができるかもしれないからだ。私はせまいわたり板をのぼって浮き舟にとびのった。

彼等は中国人よりも日本人に似ているといわれている。なるほど身長こそ百六十センチと低いが、丸顔、黒い髪、黄色い肌など、日本人といわれても少しも不思議ではない。しかし、こと荷あげとなると、日本人の中でもどちらかといえば小柄《こがら》の私よりも苦手のようだ。わずか三十キロほどの荷を背中にのせられただけで、若者たちはわたし板の上をヨロヨロしている。これはあとで気づいたことだが、彼等には重い荷を背にかついで運ぶという習慣がまったくないのだった。極寒の地で狩猟生活をいとなむ彼等は、獲物《えもの》を発見するための視覚、聴覚、嗅覚《きゅうかく》は発達させていても、重い荷を持ち運ぶ能力は、特に必要としないのだ。一方山で荷あげには慣れている私だ。三十キロの荷など朝飯前である。私はエスキモーたちに二人がかりで荷を二つ背にのせてもらい、波でゆれる幅三十センチばかりの板をスイスイとわたってみせた。

それを見て若者の競争心がかきたてられたらしい。一人が勇をふるって板をわたったまでよかったが、浜へついたとたん肩の石炭袋を投げ出し、スッテンドウとひっくりかえってしまった。私が大声をあげて笑うと、彼も頭をかいて笑っている。失敗して頭をかくところなど、日本人そっくりだ。股下《またした》まである長靴をはいた女たちも二人でペアになり、一本の棒に袋をぶらさげて運んでいた。もっこかつぎの要領である。私も途中から彼女たちに加わり、シワのなかに目鼻がついているといった感じの老婆とペアを組んで仕事をはじめた。かついだ棒のなるべく手前のほうに荷をよせ、彼女の負担をできるだけ軽くしてやった。

一回目の荷あげが終わり、浮き舟が本船のほうにもどってゆくと、エスキモーたちは私に好奇の目を向けはじめた。私はさっそく彼等に話しかけてみることにした。話すといってももちろんジェスチャーまじりだ。しかし彼等はニコニコ笑うだけで、いっこうに反応がない。子供たちも子供たちで私が一歩近づくと一歩しりぞき、手をさし出すとさっとうしろにさがってしまう。荷あげ作業を手伝ったくらいで彼等の好意を得られると考えたのは、すこし甘かったのだろうか。期待したような反応を見せないエスキモーをまえにして、私はすこし焦りはじめていた。あと数回の荷あげで、船はこのシオラパルクから出ていってしまう。そのわずか数時間の間に、私と生活をともにしてくれるエスキモーを探さなければならない。

そのときわたしは、二年前、ウロス族の部落にはいった時のことを思い出した。

ウロス族とは、南米のボリビアとペルーにまたがるチチカカ湖の浮島で生活しているインディオのことである。この高度三千八百メートルの水上に住むウロス族は、湖の浮島に葦《あし》で粗末《そまつ》な小屋をつくり、湖の魚をとって生活していた。大人たちは観光客に冷たい視線を投げ、子供たちはカメラをむけると左手で顔をかくして、

「ソレス、ソレス」(お金、お金)

と金をせがむ。じつをいうと私も、首からカメラをぶらさげていた組であったが、なぜかシャッターを押す気にはなれなかった。

文明人とはいったいなんなのだろうか。時間に追われ、騒音とほこりにまみれた空気を吸い、観光バスに押しこめられて、同じ場所につれてゆかれ、そして同じ風景にシャッターをきる。ウロス族の前でシャッターを押すという行為も、案外自分たちの惨《みじ》めさを、原始的な生活をしているウロス族を撮ることによって解消させるという、悲しい代償行為なのかもしれない。私には、自由に生きているインディオたちの姿が、素晴しいものに見えた。たとえ数日間でもいい、彼等の生活のなかにとびこんでみたい。そのためには観光客として彼等に対してはだめだ。私は夕刻、白人観光客と別れ、ウロスの船頭をやとって単身部落にのりこむことにきめた。いざという場合は野宿をすることまで考え、湖畔《こはん》の村でアルパカの毛布を買ってくることを忘れなかった。

太陽はすでに沈み、高度三千八百メートルのチチカカ湖は、薄氷がはるほど冷えこんでいた。ウロスのインディオは、私をうさん臭そうな冷たい目で迎えた。七、八メート

ルの間隔をおき、なにをしにきたといわんばかりのイヤな目である。おまけに一歩二歩、歩くたびに浮島はズブズブと不気味な音をたてて沈む。ここにいるのはウロスだけだ。闇にまぎれて湖のなかに投げこまれたら、それで終わりだ。私は彼等に真剣に語りかけた。

「私はけっして怪しい者ではない。写真をとりにきたのでもない。あなたがたと友だちになってもらいたくて、こうしてひとりできたのだ」

それがどの程度彼等につうじたのか怪しいものだった。私の真剣な語りかけにもかかわらず、大人たちはいつのまにか家にかえってしまい、私のまわりにいるのは子供たちだけになってしまった。子供たちはいつの場合でも大人より好奇心が強いものだ。私はこの子供たちを〝利用〟することを思いついた。

私はまず葦の枯葉をあつめ、縄をなった。子供たちは、目をかがやかせて、私の手元をジッと見つめている。私をかこんでいた子供たちの輪はだんだんせまくなってきた。これは案外成功するかもしれない。私は二メートルほどにないあげた縄を手に持って、縄飛びをはじめた。地面が浮島でフワフワしているので飛びづらい。しかし子供たちはもうすっかり夢中になっていた。それはそうだろう。子供にとっては、きれいな服を着てカメラをぶらさげ、金を投げあたえてくれるだけの存在だった外国人が、夕方部落のなかにひとりではいりこみ、見たこともない縄飛びをはじめたのだから無理もない。縄がひっかかって転んだりすると、笑い声さえおこるようになってきた。もうひと息だ。

私は家に引っこんでしまった大人たちの反応をうかがいながら、こんどは子供たちに縄を持たせ、大きく振ることを教えて、そのなかに飛びこんでいった。

ひとりの子供が、私のまねをして縄のなかに飛びこんできた。もう私が異国人であることも忘れて夢中である。子供の歓声に誘われたのだろう、いつしか大人たちも姿をあらわし、この不思議な遊びに熱中している私たちをニコニコしながら見つめている。そこには最初私に向けられていた鋭い冷たい視線はもうなかった。

私がシオラパルクのエスキモーたちにとりまかれ、途方にくれていたときに思い出したのは、このウロス族との経験であった。ウロスにくらべれば、このエスキモーたちは、まだまだ人なつっこい。第一、ウロスの冷たい刺すような視線にくらべ、ここでは大人も子供も、好奇心をむき出しにしてニコニコ笑っているではないか。私はラジオ体操をはじめた。

「さあ元気よく、腕や脚をおもいっきりのばしましょう。イチ、ニイ、サン、イチ、ニイ、サン」

もちろん日本語などわかるはずはない。私は必死だった。はじめはキョトンとした表情で私を見ていたエスキモーたちも、そのうちだんだん反応を見せはじめた。体操をしながら横目で観察してみるとやはり子供たちである。私の背後でコッソリまねしはじめ、私が地面で横転をはじめるころには、もう私の正面にきて、「これでいいのか」と教えをせがむようにさえなってきた。こんどは足を固定させ、お互いに腕をひっぱりあう遊びを教える。ひび割れて汚れてはいるが、あたたかい子供たちの手の感触が私の手に伝わってきたとき、彼等は私を受けいれてくれるにちがいないと確信した。

## 生肉の試練

大人たちの輪のなかから、最初に声をかけてきたのは、このシオラパルクに父親、兄弟が住んでいるという、隣り部落のカシンガだった。兄貴の家に案内してやるというのだ。もっともこれは、部落のなかで生活するようになってからわかったことで、このときは、手招きされてついていっただけのことだ。それでも私はうれしかった。たとえ受けいれてくれる家が見つからなかったとしても、これで部落での生活を拒否されることはあるまい、それにちょっと見わたしただけでも、傾きかけて人の住んでいない小屋があちこちにある。カチンカチンの凍土を掘って、原始人なみの生活をする必要もなさそうだ。私はすっかり満足した気分になった。

カシンガは私を兄のコルティヤンガの家に案内してくれた。うしろからは村人たちがぞろぞろついてくる。高床式になった四段ほどの階段をあがり、なかにはいると、一瞬目の前が真暗になった。氷山のギラギラかがやく戸外に長くいたせいだろう、目が家のなかの暗さに慣れるまでにしばらくかかった。しかし入口近くにボンヤリと見えていた塊りがだんだんハッキリとしてきたとき、私はドキリとした。

黒い血らしいものに染まった肉塊《にくかい》が、天井からぶらさがっていたからである。不思議なことに、それまで気づかなかった血の臭いが、急に私の鼻孔《びこう》にとびこんできた。十畳程度の板敷きの部屋の奥にはベッドが置いてあり、トナカイらしい毛皮が目をむいてころがっている。その横の窓側にあるテーブルの血のあとらしいシミが気味悪い。床の上のバケツには鳥の足がほうりこんであり、骨の白さがやけに目立つ。天井から吊《つる》した肉からは、血とも脂ともしれないものがしたたり落ちていた。エスキモーは血をなんとも思わないのだろうか。人当りのいい、いつもニコニコしているエスキモーと血とはどうもつながらない。

私はこのシオラパルクにはいるまえ読んだ、ピーター・フルゲン著の『エスキモーの本』を思い出した。そこには、食料危機に陥ったとき、エスキモーは人間の肉を食べたという記述があったからだ。これはシオラパルクでしばらく生活してみて事実であることがわかった。あるとき小さな子供が、自分の太ももをポンポンとたたきながら、「人間ではここの肉が一番うまいんだって。おじいさんがいってたよ」といったからである。ここではわずか二世代まえに、このような風習があったのだ。私はなんのくったくもなくそういう子供の顔を見て、あらためて日本を遠くはなれている自分を感じたものだ。

「ジャパニ、肉を食べないか?」

カシンガの声で私は我にかえった。彼はポケットからとり出したナイフを小さな砥石《といし》でとぎ、天井からぶらさがっている黒ずんだ肉を切りとって口にほうりこんだ。エスキモーは大人から子供まで、じつに器用にナイフを使う。日本人のハシ代りといってもいいだろう。カシンガのわたしてくれたナイフを手にして、私はためらっていた。生肉であることはまだがまんできるとして、なんの肉なのかわからないのが薄気味悪い。アザラシの肉なのか、それともセイウチか、いやひょっとすると犬の肉かもしれない。目の前にギラギラと汚れた脂のしたたる肉塊を見ていると、胸がつかえ、たとえ餓死《がし》寸前でも食欲はおこりそうにない。私が躊躇《ちゅうちょ》している間にも、カシンガは、「ママット、ママット」（うまい、うまい）といいながら、ニチャニチャと音をたてて食べている。私たちのあとについて家にはいってきた子供たちも同じように手を血で染め、うまそうに食べている。「食べろ、食べろ」というカシンガのすすめに、私は進退きわまってしまった。考えてみれば、彼も私を興味半分にここまで案内してきたのではないだろう。海岸で困っていた私に寄せてくれた好意からなのだ。これを受けられないようでは、このシオラパルクで生活する資格はない。私はどうしてもこの肉を食べなければならない。私は腹をきめた。

まず私はできるだけ血で汚れていない部分をえらび、ナイフをいれた。切りとった肉をつかんだ感触は、手のひらのなかでヌルヌルと動くウナギ、とでもいったらいいだろうか。エスキモーたちは皆ニコニコと私を見守っている。これを吐き出しでもしたら、彼等はガッカリするだろう。いやそれどころかここでの生活を拒否してくるかもしれない。これほど真剣に食物にむかったのは、生れてはじめてだ。私は恐る恐る肉片を口元へ運び、唇に肉片が触れないように前歯でおさえてからナイフで小さく切りこみをいれた。生臭さがプーンと鼻をつく。ところが生肉が舌に触れただけで、私の胃はたちまち絶対拒否の反応をおこした。肉片がまだ口のなかにあるというのに、胃は痙攣《けいれん》をおこし、胃液がドッと逆流してきたのだ。しかしここが勝負どころと、私はそれをグッと飲みこんで押えた。エスキモーたちが私の口に期待しているのは、吐きだされる肉片ではなく、「ママット」という賞讃《しょうさん》の言葉なのだ。私はいかにもうまいという顔で笑って見せたが、はたしてどんな表情になっていたことか。

肉片は、生きたどじょうを含んだ感じで生臭く、とてもかんで味わう余裕などはない。私は思いきって丸ごと飲みこんだ。しかしその瞬間、肉片は胃からドーンと喉元《のどもと》まではねかえってきた。また飲みこむ、またはねかえってくる……私は何回かの往復ののち、やっとのことで肉片を胃のなかへ押えこんだ。彼等は、「ママット?」(うまいだろう?)と聞く。私が歯をくいしばり、胃を押えながらウンウンと返事をすると、彼等は「もっと食べろ、もっと食べろ」とさらに肉片を切りとって差し出す。こんどはまえのとちがって、黒い脂のタップリついたやつだ。

私は泣きたくなった。実際、目には涙がにじんできた。最初の肉片でさえ、胃と喉元をいったりきたりしているのに、これ以上押しこんだら、ささえきれずに口からふき出してくるのは目に見えている。そのときうろたえている私の目に、壁にかけてあるアザラシの靴がとびこんできた。私はそれを指さしてエスキモーたちの注意をそらし、素早く肉を口から吐き出してポケットにかくして急場をしのいだ。

私にはつらかった〝生肉テスト〟に、エスキモーたちは合格点を与えてくれたらしい。彼等はみな満足そうな笑顔をうかべ、私との間にはなんの障害もなくなったように思われた。そこで私はジェスチャーをまじえ、これから一年間、この部落でいっしょに生活したいこと、犬橇の扱い方を教えてほしいこと、誰かの家庭に入れてもらいたいこと——などを頼んだ。私は汗びっしょりになっていた。いまから考えると、言葉の不自由な私の演説を、彼等がどの程度理解してくれたかわからない。しかし私の話が終わると、ひとりの老人がこれまたジェスチャーまじりで私に声をかけてきた。

「わしはひとり住いだ。よかったらわしのところで暮さないか」

私は思わずとびあがった。生肉に苦しんだ胃のことなどケロリと忘れ、私は老人の手をとって、何度も何度も「グエナソア」（ありがとう）をくりかえした。そして隣り部落においてきた荷物をとってくるためふたたび補給船にのり、いったんシオラパルクをあとにしたのだった。この老人の名前はイガーパルといった。名前を忘れては大変だ。私は彼を「イガグリ爺さん」と呼ぶことにし、その名前を忘れないようにしっかりと頭のなかにたたきこんだ。

# 便器バケツにおどろく

「ヤーイ、ジャパニ」

イガグリ爺さんは、イミーナの焼玉船でついた私をちゃんと覚えていて、シワだらけの顔に笑みをいっぱいうかべて迎えてくれた。

「グエナソア、イガーパル」(ありがとう、イガーパル)

二人はしっかりと手を握りあった。浜に私の荷をおろし終ったイミーナの船は、陽が沈みかけている海をもどってゆく。いよいよ私の一年間におよぶエスキモー部落での生活が、この日からはじまるのである。だんだん遠ざかっていくイミーナの船を見送りながら、私は妙な武者ぶるいをおぼえた。

これから私のねぐらとなるイガーパルの家は、部落の中心から百メートルほど離れたところにポツンと一軒だけ建っていた。板きれを寄せあつめて建てた十畳ほどの平屋造りで、屋根には補給品の空箱をはがしたらしい板がベタベタと不規則にうちつけてあった。あかり取りの窓には、半透明のビニールが貼ってある。家の背後にはきりたった崖がそびえ、そのいただきは、白い氷帽がキラキラと夕陽を受けてかがやいていた。

家の横のトンネル状につくられている入口をはいると、一瞬、目の前が真暗闇になり、イガーパルの背中に手をおかなければ一歩も歩けない。なんともいえない悪臭がプーンと鼻をつく。恐る恐るついていった私は、踏みだした足の下にグニャという柔かい感触をうけて、思わず叫び声をあげてしまった。目をこらしてみると、それは食料にするらしいカモメであった。はじめて真暗闇のエスキモーの家にはいる人には、まるで、きも試し、ビックリ鍋である。

家はひと間だけで、部屋のなかは、前にカシンガが案内してくれた家とほとんどかわらない。ストーブの横には生肉もぶらさがっている。入口のわきには小さなバケツが置いてあり、鼻を刺すような異臭がたちのぼっていた。部屋には石油コンロが燃えており、羽毛服を脱がなければ暑いほどだ。イガーパルは、奥に並んでいる二つのベッドのうちのひとつを、私に提供してくれた。

荷物の整理が一段落すると、またあの生肉切りがはじまった。エスキモーたちには、きまった食事時間というものはない。腹の空いたときが食事時間なのだ。イガーパルは刃渡り四十センチほどある包丁をとり出し、天井からぶらさがっている生肉にとりかかった。血のしずくがポトポト床の上に落ちて、足もとはみるみる血で染まってゆく。

「ナオミ、ここが一番うまい肉だ。食べろ。このまえ、おまえがカシンガのところで食べたのは鯨の肉だけど、これはプイジ（アザラシ）だからうまいぞ」

このシオラパルクに着くまでの八時間というもの、私はなにも食べていなかった。そのせいもあったのだろうか、一週間まえには胃と喉元を往復した生肉も、いまはなんの抵抗もなく腹におさまってゆく。私は自分の身体ながら、その適応能力に感心してしまった。それにしても石油コンロを使っていながら、彼等はどうして生肉しか食べないのだろう。煮たり焼いたりすれば、もっとうまいだろうに。われわれとはまったく味覚がちがうのだろうか。

私は疲れていた。シオラパルクの第一日目ということで、かなり緊張もしていたのだろう。私は早々にベッドにもぐりこむことにした。外に出て小便をすませてくると、イガーパルも寝る用意をしていた。しかし突然イガーパルが入口近くに置いてあるバケツにむかって小便をはじめたのには驚いた。バケツは反響して、ジャバジャバと、すさまじい音をたてている。そのバケツはエスキモーの便器だったのだ。はじめて部屋にはいったとき、プーンと鼻をついた糞尿《ふんにょう》の臭いを、私は生肉のせいだと思っていたが、発生源はこのバケツだったのだ。

イガーパルの放尿の音を聞いているうちに、私は妙なことを考えはじめた。エスキモーの男のシンボルはどんな形をしているんだろう？　長いのか短いのか、先は尖《とが》っているのだろうか、まがっているのだろうか——まさか！　横目でそっとのぞいてみたがまったく見えない。私はそんなことを考えている自分がおかしくなった。風俗も習慣も、なにもかもまったくちがっているエスキモーたちに接して、シンボルも——と無意識のうちに考えたのだろうか。そのうちに拝見する機会もあるだろう。そんなことをボンヤリと考えているうちに、私はいつか寝入っていた。

# 極北に生きるひとびと

章扉の写真

セイウチの解体作業。写真は左からイミーナ、植村、コルティヤンガ、セイウチはアザラシとならんでエスキモーの重要な食料源のひとつである

## わが家の客人たち

シオラパルクにはいり、イガーパルの家に三日間ばかり居候《いそうろう》したあと、私はコルティヤンガとイミーナの家の間に一軒の廃屋を見つけ、ひとり移り住んだ。イガーパルは大変親切で、若かりし頃の女遍歴《へんれき》などを、身ぶり手ぶりで語ってくれるなど楽しかったのだが、とにかく家の中が暗すぎるのだ。必要なメモもとれないし、日記さえ書くことができない。イガーパルにしてみれば、本ひとつ読むわけではないし、かえって暗ければ、血や脂でヌルヌルした床も目立たないわけだから、好都合というところかもしれない。

イガーパルは六十歳ちかくになっていながら、旦那持ちのクヤッピに惚《ほ》れこむなど、呑気《のんき》な生活だ。それはそうだろう、まったくのひとり暮しで、食料だって家族の分まで心配する必要はないのだから。ところがそれでは私が困るのだ。

私がここにやってきたのは、エスキモーとの生活を楽しむためではない。あくまでも南極横断計画の可能性をさぐるためである。自分ひとりで氷をとかし、水をつくり、寒さに耐え、狩りをし、犬橇技術をマスターする。それがここでの目的なのである。呑気なイガーパルとの生活は楽しくても、私の目的にはそぐわない。私がイガーパルの家を出ようと決心したのは、ランプの暗さに閉口したことのほかにもこんな理由があったのである。

私が爺さんの家を出ようときめたときから目をつけていた家は、三メートル四方ほどの小さな廃屋で、いまにも倒れそうに傾いていた。もちろん青天井《てんじょう》だ。しかし、少し手を加えれば十分住めるだろう。いよいよとなれば穴を掘って生活しようとまで考えていたのだから、それにくらべれば、これでも天国みたいなものだ。

私は暖をとるストーブもコンロも持ってきていなかった。それだけに真冬の一、二月にはマイナス四十度にもさがる極寒の地で、この家ははなはだ頼りないように思われた。しかし私は訓練のためにここにきたのだ。ヌクヌクした甘い生活からは、なにも得ることはできないだろう。その意味でも、私はこのオンボロ小屋がすっかり気にいってしまった。

天井も窓もつきぬけなのだから、確かにイガーパルの家よりもあかるい。しかしわが家の最初の夜、羽毛服を着てシュラフにもぐりこんでも、ジンジンと冷えてくる寒さにはまったくまいってしまった。これでは訓練の前に凍死してしまう。翌日、私はさっそく修理にとりかかった。部落にはいって何日もたっていなかったので、エスキモーたちに手伝いを頼むこともできず心細かったが、うれしいことに子供たちが手を貸してくれた。「ジャパニ、ナオミ、これを使え」といって、送られてきた補給品の空き箱をあつめてきては、私にくれたのだ。おかげで外に出て材料を探さなくてもすべて用が足りた。それをばかりかすき間をふさぐのに、泥を塗ったり、土とアザラシの脂をまぜたものを詰めこんだりしてくれた。窓には日本からもってきたビニールを二重、三重にしてはりつけた。暖房には山用の石油コンロを使うことにした。それでも家のなかはいつも寒く、しばらく慣れるまでは、訪れる子供たちと相撲をとったりして身体をあたためた。

## 子供相手に会話の勉強

「ナオミ、ナオミ」

昨晩は二時過ぎまでエスキモーたちと騒いでいたので、朝寝坊をしていると、頭のうえで私の名前を呼ぶ声がする。ここにはいるまえ、偵察に訪れたグリーンランド東海岸のアンマサリックで、村の娘たちの夜襲をうけ、往生した経験があったので、さてこそと思ったが、声の主はなんのことはない、となりのコルティヤンガの孫で、五歳になるターベであった。

ここでは、子供たちばかりでなく、誰もがドアをノックするでもなく、ヌーッと部屋のなかにはいってくる。他人の家も自分の家もない。私はもっと寝ていたいのだが、ターベが好奇心をまる出しにしてうるさいので、とても寝てなどいられない。登山靴を探し出しては「フナウナ」（これなんだい）、登山用羽毛服を引っぱり出して着こんでは、

「オコット、オコット」(あったかいなあ)……。

まだ、この部落にはいってから時間もたっていない。「うるさい、あっちいってろ」などと怒鳴って、子供たちから嫌われでもしたら大変である。横になってターベを適当にあしらっていると、ドアがそっと開き、また新しいお客様の訪問だ。

コルティヤンガの末娘で十一歳のニルシーナと、デンマーク政府直営販売所(KGH)で働いているカークッチャの娘で十二歳になるインガの二人だ。目と目が合う。ニヤリと笑うだけで、二人とも黙っている。私がニッコリ笑いかえしてやると、恥かしそうに視線をそらせ、二人で顔を見合わせる。そして腰をおろすとおもむろに家の中を見わたしはじめる。私がシオラパルクにはいってからしばらくの間、子供たちはいつもこうであった。しかし、おとなしく猫をかぶっているのは最初のうちだけだ。雰囲気に慣れてくると、登山靴をとり出し、本を取り出し、山の装備などを指さして、「フナウナ、フナウナ」と、まったくにぎやかである。インガとニルシーナは、私の荷のなかからチューレ地区の犬橇の写真を見つけて騒ぎはじめた。写真を指さし、「サッキウス爺さんだ」と大声をあげている。こうなってはもうおさまらない。「ナオミ、ナオミ」と、ついさきほどまで恥かしそうにしていた二人とはまったく別人のようにはしゃぎ出す。私の身体にしがみついてきて、なにかしゃべっていないと気が落ち着かないという感じだ。

私はそんな子供たちを、エスキモー語を学ぶためにおおいに利用した。

インガは自分を指さして、「アエンギラ」(いい人)、ニルシーナを指さして「アヨッ

狭いわが家だが、可愛い客人もある

ポ」（悪い人）と、自分を売りこみにかかる。身体をブルブルふるわせて「イッキャンナット」（寒い）、火にあたる真似をして「オコット」（暖かい）、コンロを指さして「コッタ」……私がメモ帳を取り出しでもしたら、もう得意満面である。「アグー」（男）、「アンナ」（女）、「ヌッカピアガ」（子供）、「アダダ」（父親）、「アナナ」（母親）……。

いつの間にか私もメモに夢中になり、昔中学校の英語の時間によくやったように、「ニヤッコ」（頭）から順番にメモしはじめた。目、耳、鼻、胸、腹、……そして腰まできたときである。インガがニルシーナの股に手をいれ、キャッキャと笑いながら「オッチョ、オッチョ」とやりはじめた。ニルシーナはニルシーナで、私の股間を指さして、「オヒョー、オヒョー」とはやしたてる。メモを取ろうと鉛筆をもち替えたとき、インガの手が素早く私の股間にのびてきた。「わあ、アゲショ、アゲショ」(大きい)。二人は夢中で部屋のなかをかけまわっている。

私はこうして子供たちを相手に、エスキモー語を少しずつ身につけていった。

しかしこの子供たちの襲撃も毎朝のこととなるとやはりこたえる。ある日訪問客を数えてみたら、五歳のターベから、六十四歳のアホッター老人まで四十名(うち子供十八名)という結果が出た。このなかにはひとりで四回以上も顔を出す者が何人もいるから、のべ人数となるとまだまだ多くなるだろう。

子供たちは午後六時頃までわが家を占領している。小さな子供ほど早い時間にくるようで、ターベなどはだいたい八時前ときまっていた。夕方六時を過ぎると、こんどは大人の遊び場となり、三メートル四方のわが家は、ストーブがなくても、来客の人いきれで暑いほどだった。

## エスキモーのSEX観

わが家での若者たちの話題はまず八割がセックスである。「おまえは誰それとどこでやっていたろう」などというたわいもないことを、キャッキャいってしゃべり合っている。彼等は私をだしにして楽しんでいるのだ。

子供たちにしてもそうだ。親たちは性の営みを別にかくそうともしないから、子供はよく私を呼びにきたものだ。「ナオミ、ナオミ、いま誰と誰とがやっているから見にいこう」

私は、エスキモーほど自由な生活をおくっている人たちをこれまで見たことがない。ねむたくなればベッドにはいり、目がさめれば起き出す。食料がなくなれば狩りに出る。それが間にあわないときには、となりの家の生肉を食べに出かける。エスキモーにおけるセックスも、これとまったく同じであった。部落のあるエスキモーの家を訪問したときのことだ。ひょいと家のなかをのぞきこむと、夫婦がひとつベッドにはいっていたので、あわてて飛び出したが、次の日いってみると、こんどはちがう男がベッドのなかにいる。文献では妻貸しの風習があったと伝えられているが、エスキモーの間では、既婚、未婚をとわず、セックスはかなり開放的であるように見える。少なくともわれわれ日本人を支配している性意識とはまったく別なものが、ここにはあるようだ。だから娘が、夜ひとり歩きしようが、あけ方にもどってこようが、親はなんの干渉《かんしょう》もしない。そのせいか、ここには私生児が非常に多い。例えばコルティヤンガの娘はいま二十四歳だが、二人の私生児がいる。わが家一番乗りの常連ターベはそのひとりだ。アンナ（二十一歳）も、ナバラナ（三十五歳）もみな申し合わせたように私生児をかかえているが、それでもまだ子供は親に育てさせ、自分たちは若者を追いまわしているのだから、わからない。

私はそのアンナから、このシオラパルクにはいったとき〝誘い〟をかけられたことがある。彼女は四本の指である形をつくり、自分を指さして「ママット、ママット」といったのだ。「ママット」というのは「おいしい」という意味である。別に食事をしているときでもなかったので、私はチンプンカンプンだったが、あとからその形は、日本で人さし指と中指のあいだに親指をさしこむ、女性の〝あの形〟のエスキモー型表現であることがわかった。アンナはそのとき「私の持ちものは具合がよろしい」という意味のことを私にいったのだった。エスキモーは、食物のおいしさと同じ言葉で、そちらのほうも表現するのである。イガーパルの家を出てひとりで住むようになってから、私は彼女たちの格好《かっこう》の攻撃目標になったようだ。彼女たちが、セックスを目的として家にくるときはすぐわかった。まず子供も若者も引きあげた夜遅く、こっそりとはいってくるのだ。さもなければ男一人、女二人の組み合せではいってくる。その場合には男女のペアはすでにできあがっていて、「残った娘はナオミが引き受ける」というしかけになっている。しかし私はここで男女関係のトラブルをおこしたくなかった。こんなことで、これから一年間の生活を棒にふってはたまらない。そんなときには私はいつも自分の股間を指さし、

「私はドクターからオヒョーを使ってはいけないと言われている」

と断わることにしていた。彼女たちもアッサリしたものである。

「コーヒー飲まない？」

「医者にとめられているんだ」

「そう、残念ね」

まあ、こんな程度の会話と考えてもらうと、ニュアンスとして一番近いように思う。私は三十二歳、男ざかりの年齢だ。身体が女性を要求することだってある。目の前にエスキモーたちの自由な性の交歓《こうかん》を見せつけられ、さそわれてことわるのはつらい。それはエベレストの頂上に登ることよりも、またアマゾンのイカダ下りよりも、ちがった意味で苦しいことであった。

## 入浴騒動

私の家は、いまや部落でもっとも人気のある集会所となってしまった。これはこれで私にとっても楽しいことではあったのだが、ひとつ困った問題がおきてきた。それは私ひとりの時間がまったく持てなくなってしまったことだ。さしあたっては、洗濯と入浴の時間がまったくないことである。

シオラパルクにはいった当時、わがザックのなかには、山の装備から下着にいたるまで、新品がそろっていた。洗濯ができなくても、しばらくの間はストックがあったから、とっかえひっかえ着替えてすませていたのだが、九月も終わりに近づいた頃、ついに新しい下着も底をついてしまった。シオラパルクには真水がない。水はすべて浜にうちあげられた氷を切り崩し、とかしてつくらなければならないから、えらく時間がかかる。片手間にちょっと洗濯というわけにはいかないのだ。娘たちは「私が洗濯してあげる」と言ってくれるのだが、あとがこわいから甘えるわけにはいかない。彼女たちの誘惑を何度もかろうじて排除してきたのに、ここで弱味をみせてはどうなるか、自信がもてなかった。

しかたがないので、ザックのなかにつっこんであった着古しをとっかえひっかえ身につけることになる。こうなると悪循環で、下着はもう垢《あか》まみれだ。いくら重ね着してもあたたまらず、身体はもうヌルヌルである。洗顔にしてもそうだ。壁のすぐ手のとどくところには石鹸《せっけん》、髭《ひげ》そり、歯ぶらしなどがぶらさがっているのだが、水がないのでずっとほこりをかぶったままだ。この水をつくるのは女の仕事である。だからエスキモーの独り者はみな垢まみれだ。

ついにノミかシラミでもわいてきたのか、シュラフに寝ていても身体がむずがゆく、満足に寝られなくなってしまった。日本山岳会のエベレスト登山隊に参加したときも、高度四千メートルのシェルパの村で生活したが、午後になると、いつも上半身裸になって、下着のシラミとりをするのが日課だった。頭のなかのシラミも一週間に一度、シェルパの奥さんがとってくれた。そこで生活したのはちょうど冬の季節で、気温もマイナス十五度にさがるのだが、それでも風のない日中の直射日光を浴びていると、上半身が裸でも、けっこうあたたかかったものだ。

しかし北極点から千三百キロしかないシオラパルクの部落では、一分たりとも肌を直接外気にさらすのは危険であった。シラミ攻撃はだんだんはげしくなった。

東京のフェザー産業で極地用に試作してもらったシュラフを二重にし、裸で寝ることもやってみたのだが、これもまた子供たちの興味の的になってできなくなってしまった。とにかく彼等は、私の行動の一部始終をいつも見ているのである。しかし、私もエスキモーの風俗習慣を興味を持って見ているのだから、逆に彼等から見られたからといって文句はいえない。

しかし、この垢まみれの生活に、我慢できなくなるときがきた。九月のある日、部落の男たち四人とセイウチ狩りに出かけ、全身血まみれになったのである。羽毛服も、ズボンも、シャツも、セイウチの血と脂《あぶら》で汚れ、身体のなかまでしみこんだようである。私はついに身体を洗うことにきめた。

まず二台のコンロに火をつけ、コッヘルとナベにいっぱいお湯をつくった。幸い子供たちの姿は見えない。私はドアをかたく閉め、ビニール張りの窓も風呂敷でおおって素裸になった。一カ月ぶりで外気にふれた肌。身体がキュッとひきしまるようで爽快そのものだった。お湯でしぼったタオルを身体にあてると、あたたかい感触がしみとおるように肌を伝わり、瞬間外気にふれて冷えてゆく。ちょうどサロンパスをはったような感じで、一カ月間の疲労が一気に抜けていくようであった。

ところが私のこの秘密の楽しみは五分と続かなかった。子供たちにかぎつけられたのだ。いつもはビニールだけの窓に、風呂敷のおおいがかかっていたので、不審に思ってのぞきこんだらしい。さあ大変である。窓はアッという間に破られ、子供たちの顔がいくつもあらわれた。

「ナオミ、ナオミ……オヒョー、アゲショ」(ナオミ、とても大きなオチンチンしている)

「オヒョー、オヒョー」

「アゲショ」

子供たちは私を指さして大騒ぎだ。

「コラ、人が裸になっているときは、のぞき見するもんじゃない」

私があわてて怒鳴ってみてもいっこうにききめはない。それどころかザックを内側につみ、開かないように固定しておいたドアに、四、五人が体当りをはじめ、ついにドアは破られて、子供たちがドッとなだれこんできた。

子供たちは私の身体にふれてキャッキャと大変な騒ぎである。私はあわてて、手近にあった羽毛服のズボンを身につけた。子供たちの歓声が耳にはいったのだろうか、となりのコルティヤンガとイミーナが窓からのぞきこんだ。二人ともニヤニヤ笑っている。

「イミーナ、私が身体を洗っていると、子供たちがとびこんできたんだ、何とかしてくれ」

私は本当に困り切った顔をしていたのだろう。イミーナはすぐ子供たちのあいだに割ってはいり、説教をはじめた。イミーナは部落一の年寄りだ。エスキモーの子供たちは、牧師よりも誰よりも年寄りのいうことをよく聞く。イミーナが「……だろう」と大声をあげると皆「……ウン」と、さきほどの騒ぎとはうってかわっておとなしい。インガやニルシーナは、説教を聞きながら、ときおり上目づかいでチラチラとこちらを盗み見ている。童顔でとても可愛い。考えてみれば、私の家は、天井もベッドもストーブも、すべて子供たちが調達してきてくれたものだ。いってみれば私の大恩人たちである。こうなったのも私が入浴というちょっと変ったことをやったからで、悪気のあるイタズラではない。私はイミーナに頼んで、いつまでも長々と続きそうな説教をうちどめにしてもらった。

エスキモーの習慣について言えば、彼等には入浴、洗顔、歯磨きなどの習慣はほとんどない。ときどき汚れたときにお湯でタオルをしぼり、体をふくくらいのものだ。だから大人が素肌を見せることはほとんどない。子供たちが私の入浴を珍しがったのもうなずける。それでも部落に滞在している間に、タオルで顔をふいているのをなんどか見かけたことがあるから、まったく洗顔に無頓着《むとんちゃく》というわけでもないようだった。

# エスキモーは猫舌――その食生活

「ナオミー、ナオミー、カジャロア、カジャロア……」

私がベッドをつくる板を整理していると、突然家の前で金切り声があがった。どうやらとなりのコルティヤンガの奥さん、レピッカらしい。

私は、ときならぬ女性の叫び声に、すっかりキモをつぶしてしまった。つづいて反対どなりのイミーナの奥さん、アンシフィアの声も聞える。

「カジャロア、カジャロア……」

火事でもおこったのか、それともケンカでもはじまったのか。私はあわてて家をとび出した。レピッカは、私の家から五十メートルほど離れた家の前で、なにやら叫びながら銃をぶっ放していた。反対側ではアンシフィアもライフルをズドン、ズドンやっている。部落の中央からは子供たちまでが、銃を片手に目をつりあげ、浜辺にかけあつまってきている。私はてっきり部落総ぐるみのケンカがはじまったのだと思った。

エスキモーは純粋な狩猟民族である。銃は生活の上にかかすことができない。日本でこそ銃は特定の人だけが所持を許され、厳重に監視されているが、ここではごく普通の身の回り品だ。ほとんどが第二次大戦で使用された五連発で、一軒の家に三、四挺《ちょう》はある。この日は男たちがセイウチ狩りに出かけていたから、部落にそう多くは残っていないだろうが、それでも鉄砲の音を聞いていると、二挺や三挺の数ではない。「これはエライことになった」とへっぴり腰で家の前をウロウロしていると、レピッカがかけよってきて、海辺を指さしながら叫んだ。

「ナオミ、カジャロア、カジャロア」

レピッカの声に、それまで銃声に気をとられ、視界にはいらなかった海辺《うみべ》に目をやって、私はアッと叫んでしまった。鯨だ。鯨の大群だ。カジャロアとは鯨のことだったのだ。私の家から四十メートルとはなれていない浜辺いっぱいに、六、七メートルもある鯨の大群が、潮を吹き大きな身体をぶつけあって、ひしめいている。女たちの叫び声と銃声の原因は、この鯨の来襲だったのだ。私はすぐ家にとってかえし、コペンハーゲンの銃砲店で、四万円で買った白熊用ライフルを持ち出すと、ポケットに二十発ほどの弾丸をほうりこんだ。私はまず家の前の柱に銃身を固定し、鯨をめがけて引金をひいた。私にとってははじめての体験である。

ズドーン。

腹にひびく発射音と同時に、右肩に激しいショックが襲う。耳はツーンとして、しばらくの間はなにも聞えない。狙った鯨に命中したかどうか、確かめる間もなく、私は浜辺にむかってかけだした。

切りたった崖にかこまれたシオラパルクの部落には、鉄砲の音がワンワンとこだまし、まるで戦場である。大人たちが狩りに出かけているから、女や子供や老人だけで、この獲物をしとめなければならない。みな夢中だ。サッキウス爺さんの孫で、今年九歳のヌカッピアンガまでが、背丈ほどもある鉄砲を乱射しながら浜辺を走っている。いつも青っ洟《ぱな》をたらしているヌカッピアンガからはとても想像できない。老人たちも、半分脱げかかったアザラシ靴をひきずりながらヨタヨタとび出し、撃ちまくっていた。私も一発目のショックでうけた肩の痛さも忘れ、わずか五メートル先に群がる鯨めがけて撃ちまくった。全部で二、三十頭はいるだろうか。目標が大きいので、小さな鼻を狙わなければならないアザラシ狩りよりもはるかにやさしい。

鯨は八月から九月にかけ、週に、二、三回はこの海辺に姿を見せるというが、それでも、これほど浜辺近くに姿をあらわすことはめったにない。これだけ近ければ、女、子供でも十分成果をあげることができるから、彼女たちが興奮するのも無理はない。

海面が鯨の血で染まるようになると、突然ヌカッピアンガが銃を放り出し、家の前にたてかけてあったカヤック（アザラシの皮でつくった小舟）をかつぎあげた。セイウチの牙《きば》でつくったモリを手にしている。私は驚いてしまった。いかに狩猟民族とはいえ、まだ九歳の子供だ。暴れまわる鯨の群につっこみ、海に投げだされたらどうするのだろう。氷山がうかぶ海水は、手を切るように冷たく、落ちてしまったら一分と生命はもたないだろう。私はハラハラしながらヌカッピアンガを見守った。鯨まで五メートルほどに近づいたとき、ヌカッピアンガはカヤックの上に立ち上がり、右手に握ったモリを、大きくうかびあがった鯨の横っ腹めがけてたたきこんだ。

銃の一斉射撃をうけて弱っていた鯨も、この一撃でふたたび暴れ出し、海中深くもぐってゆく。モリに結ばれた皮ひもが十メートルほど、スルスルとのびる。ひもの先には、獲物が逃げたり、沈んだりしないように、アバタ（アザラシの中身をくり抜いてつくった浮袋）がつけられていた。

私はヌカッピアンガの手並みに、すっかり感心してしまったが、それでもベテランの老人の目から見れば、まだ満足のいくモリ撃ちではなかったらしい。猟が終わり、カヤックをおりてきたヌカッピアンガをつかまえて、イミーナが注意を与えていたからだ。身ぶり手ぶりをまじえ、イミーナは一所懸命だ。ヌカッピアンガもうなずきながら、真剣な表情で聞きいっている。いやヌカッピアンガばかりでなく、大勢の子供たちもイミーナをかこんでいた。狩りの上手下手は、当然ながら彼等にとってスポーツではなく、生活の問題である。あすの食料がその技術にかかっているからだ。

エスキモーにとって教育とは、狩猟技術の教育以外にはない。三十二歳のカーリは、このシオラパルクきっての狩りの名手だが、そのカーリがこういっていたものだ。

「学校なんぞへ行ったってロクなことはない。本を読むと第一目を悪くするじゃないか。

狩りが下手になるだけさ」

たしかに狩猟民族にとって、その目は命だ。無限にひろがる海氷の上でアザラシを探さなければならないからだ。白い氷の上の黒いアザラシを探すのはまだ良いとして、黒ずんだ海面からポツンと鼻を出しただけのアザラシを発見するのは、至難のわざである。目の良し悪しは、彼等の食料事情に決定的な影響を与えるのである。

## とれたての鯨で楽しい食事

暴れまわる鯨に引っぱりまわされ、浮き沈みしていた浮袋が静かになると、ヌカッピアンガは浮袋につけられた細いひもをカヤックに結びつけて浜辺まで引いてきた。カヤックの吃水線《きっすいせん》は海面ギリギリのところにあるので、あまり強く漕《こ》ぐとカヤックに海水が流れこみ、いまにも転覆しそうで、見ていてハラハラする。岸にいるレピッカは、ゆっくり近づいてくるカヤックを待ちきれず、股下まである長い婦人用のアザラシ靴のまま海にはいりこみ、ヌカッピアンガからひもをうけとる。靴のなかは素足だというのに、よく冷たくないものだ。ひもが岸につくと、あとは待ちかまえていた連中がひっぱるだけである。「ワッショイ、ワッショイ」——私は、いなかの運動会の綱引きを思い出してしまった。結局午後二時頃からわずか一時間ほどの間に八頭の鯨をうちとった。

たったいま、うちとったばかりの獲物を前にしての食事——これがエスキモーの生活のなかで、もっとも楽しい時間のひとつである。やはり彼等もうす汚れ、エンジン・オイルにまみれたような保存生肉よりも、新鮮な肉がうれしいのだろう。おまけに、鯨は彼等の食料品目のなかで、もっとも高い位置にランクされている高級食だ。皆ニコニコ顔でポケットから小型ナイフをとり出し、消しゴム大の砥石で、三、四回といでから食事にかかる。二十人ほどのエスキモーが、まだときおりピクピク動く、全長六、七メートルの鯨に群がっている光景は壮観だ。子供たちはまず二つにわかれた尾ヒレにとりついた。ナイフで切りとり、口元でナイフを器用に使いながら食べている。私もポケットからナイフと砥石をとり出した。ここで生活する以上、この二つはかかすことができない。エスキモーには、きまった食事時間がない。空腹になったとき、獲物が手にはいったとき、それがエスキモーの食事時間だから、ポケットには箸代りのナイフと砥石は、いつも用意しておかなければならない。

私もまず尾ヒレに手をつけた。エスキモーたちが見ているから、口では、「ママット、ママット」といってみせるが、まったく無味無臭。セイウチやアザラシのような生臭さはほとんどなく、生の貝柱を醤油《しょうゆ》抜きで食べているようなものだ。鯨の灰色の肌は、コリコリした感触で、なかなかうまい。気をつけて見ていると、エスキモーたちは皮下脂肪を添えて食べていた。これは鯨を食べるときとはかぎらなかった。アザラシでもセイウチでも、肉を食べるときはパンにバターをそえるようにして、脂肪を添えるのだ。私はこの脂肪を口にしてみたが、特に味があるわけではなかった。味付けというより、脂肪のニチャニチャした感触が、味のほとんどない食物に変化をあたえるのだろう。手や口元は血と脂でベトベトだが、特にとれたての鯨の場合はすさまじい。鮮血がアゴからたれさがる。おまけに血で染まった冷たい手を頬にあててあたためるから、顔中が血まみれになり、まるで人喰人種だ。

狩りに出ていた男たちがもどってくると、すぐ鯨の解体がはじまった。刃渡り三十センチほどのナイフが三本用意された。鯨の腹にナイフがいれられる。真赤な血が噴水のようにあふれ出し、足元はまるで血の海である。自転車のチューブを思わせる一、三十メートルの小腸、人間の頭ほどある心臓、赤エイのような肝臓など、内臓が次々ととり出される。小腸は中身をしごいて出したのち海水をとおして洗い、乾燥させて食べるのだ。心臓は煮て食べる。肝臓は彼等も食べないようで、もっぱら犬の食料として使われていた。中身のとり出された骨つきの鯨肉は、背骨だけをのこし、村人たちに均等に分配された。

肉貯蔵用のヤグラに腸がぶらさげられたさまは壮観である。これまで置いてあった、アザラシやセイウチの肉は、半ば腐りかけているのだろうか、表面がヌルヌルしていて、鯨の肉はヤグラからズリ落ちそうだ。コルティヤンガは、今日の狩りでセイウチ二頭をしとめてきていたから、三メートル四方のヤグラはいっぱいで置ききれず、犬橇を一段高くしてその上に鯨肉をつみあげていた。

## エスキモーは猫舌

私はシオラパルクでも最新式のライフル銃を持っていたが、狩猟の腕のほうは村一番へたくそだった。しかし私の弾が当っても当らなくても、いっしょに猟に出たときはいつも生肉を均等にわけてもらえたから、食料に不足したことはない。それにいざとなれば、他人の家へナイフ片手に食事にいけばいいのだから気楽なものである。しかし生肉ばかりではやはりあきがくる。私はときどきストーブの上でアザラシの肉を焼いたり、煮て醤油をつけたりして食べた。醤油というのは不思議な調味料で、これをつかうとどんな材料でも和食風になってしまう。

こんなときにはきまって子供たちにおそわれた。醤油は彼等の味覚にもあっているらしく、「ママット、ママット」といいながら、アッという間にたいらげてしまう。極地と温帯と、気候風土は極端にちがいながら、エスキモーと日本人の味覚は同じなのだろうか。ヒマラヤのシェルパ族も同じように醤油を好んだから、アジア系民族は、同じ味覚を持っているのかもしれない。

味覚といえば、エスキモーは大変な猫舌である。エスキモーたちは子供から老人まで、お茶を好んでのむが、みな熱いお茶は口にしない。私は冷えきった身体をあたためてくれるので、火傷《やけど》するような熱いお茶を、フーフー吹きながらすするのがうまいと思うのだが、彼等は熱いとすぐ氷のかけらをいれ、なまぬるくしてからのみはじめるのだ。子供はどこの国でも猫舌だから、そのせいかとも思ったが、子供ばかりではなく大人たちもそうだった。私は彼等にお茶を出すときいつも、「オコット、ママット」（熱いほうがおいしいよ）といってすすめるのだが、皆きまって、「ママギッチョ」（まずい）とやりかえしてくる。

その原因はしばらく生活してみてわかった。彼等の食料の大部分は凍った生肉である。家にいるときは、ストーブの近くにぶらさげてやわらかくもどし、ナイフで切りとって食べるのだが、狩りに出た海氷の上ではそうはいかない。生肉はカチンカチンに凍ってナイフもはいらないから、マキをわるナタのようなもので打ちくだき、そのカケラを口にいれなければならない。アイスキャンデーを口にいれたときの感触と大差ない。あまりおおきなカケラをほおばってしまうと、ちょうど低温の鉄に濡《ぬ》れ手でふれたときのように、凍肉は口の中にひっつき、ただれてしまう。だからエスキモーの口は、自然と熱いものを拒否するようになってしまったのだ。そういう私も、彼等の食生活にとけこみ、犬橇でひとり旅をはじめる頃には、完全に熱いものをうけつけなくなってしまった。

このチューレ地区にはいろいろな動物が住んでいる。トナカイ、北極ギツネ、オオカミ、ウサギ、白熊、セイウチ、アザラシ、鯨、魚ではイカルワック、マス、オヒョウ、エイ、サメ、鳥類ではナーヤ、ターツガ（ともにカモメの一種）、アパリアス、カモ、カラス……。しかしこれらが食料としていつも手にはいるとは限らないし、また手に入ったとしても、すべてがエスキモーの食料になっているわけでもない。一年を通して狩りができるのは、アザラシとセイウチくらいのもので、時期的に彼等の主食はかわる。

まず十月から三月にかけてはウサギが多く、海氷がとけはじめる五月から十月にかけては鳥類が多くなる。またこの時期はイカルワック、マス、鯨なども多くとれる。白熊は毛皮が高く売れるので、エスキモーたちはよく狩りに出るが、そう簡単にはいかない。年に四、五頭もとれれば大収穫で、ゼロというのもザラである。シオラパルクのなかに、貧富の差はほとんどないが、それでも毎年毎年、いつも新しい服に着がえることができる者がでてくるのは、こういう狩りの技術が大きく作用しているように見える。

しかし彼等はこれらの動物をなんでも口にするかというと、そうでもなかった。カラス、北極ギツネ、サメ、エイなどがそうである。カラスは海氷上の犬やキツネの糞などを食べあさっているので、「ママギッチョ」(うまくない)といって食べないし、北極ギツネは、一部の老人たちは食べるが、若者たちは医者から禁じられているといって口にしなかった。何か菌でも持っているのだろうか。私は一度煮て食べたことがあったが、セイウチやアザラシの黒い肉ばかり食べていたせいか、久しぶりの赤肉は非常にうまかった。

サメの肉も動物がとれなくなり、食料によほど困らないかぎり口にしなかった。下痢《げり》をして頭がおかしくなるというのだ。そういえば、三千キロの犬橇旅行に出たとき、サメを食べた犬はひどい下痢をして困ったことがあった。イミーナやイヌートソアなどは、昔飢饉《ききん》にあったときこれを食べ、死ぬほど苦しんだことがあるといっていたが、日本にはサメを食べる習慣がある。私は塩漬けや燻製《くんせい》にして食べていたが、エスキモーたちは目をむいて驚いていた。これら動物性の食料が、彼等の食生活のすべてだが、ときには海辺にうちあげられる海草を生で食べることがあった。これが唯一の植物性食料といっていいだろう。

一般にエスキモーといえば、なんでも生のまま食べると思われているが、そうともかぎらない。たとえばセイウチなど、とれたては絶対口にしなかった。私は一度、牛ほどもあるセイウチの解体中、肉に手を出したことがあった。脇の下の赤味をおびた肉が牛肉そっくりで、いかにもうまそうだったからだ。するとタッチャンガはあわててそれをとめ、私の口のなかにあった肉片を吐き出させた。とれたてのセイウチの肉を食べると、髪の毛が抜けるというのだ。そういえばアラスカ・エスキモーも鮭のとれたては絶対に食べなかった。刺身などさぞおいしいだろうと思うのだが、ジストマなどの寄生虫でも警戒しているのだろうか。

ここのエスキモーにしても、髪の毛が抜けるという言い伝えをつくり出すことによって、なにかを防いでいるのにちがいない。セイウチの肉は必ずヤグラのうえに一カ月以上おき、自然冷凍させてからでなければ口にしなかった。

## 月に一度の大酒宴

極地の九月は、とくに荒れないかぎりマイナス十度でもそれほど寒くはない。風のない日などは直射日光がじつにあたたかく、日本の小春日和を思わせるほどだ。そんな日にシオラパルクのエスキモーはしばしばコケモモ採《と》りのピクニックに出かけた。対岸の山すその岩かげにはりついている、三センチほどのコケモモの実をとりにゆくのだ。鍋、茶、砂糖、ビスケット、チーズのような強い臭いをはなっているセイウチの生肉などをボートにつみこみ、みな楽しそうだ。

私のところへはアンナが誘いにきてくれた。湾内には幅数十キロの内陸氷河が落ちこんでいて、四、五百メートルほどの青々とした氷壁をかたちづくっていた。ときどき大音響とともにその氷壁が海中にくずれ落ち、そのたびにボートはおおきくゆれる。私はプロ・スキーヤー三浦雄一郎氏のエベレスト遠征隊に起った事故を思い出した。そのとき私は日本山岳会のエベレスト隊に参加していて、三浦氏のスキー隊とほぼ同じような行程をたどっていたのだった。そのわれわれの目の前で、丸ビルよりも大きい氷塊が、大音響とともに崩壊し、スキー隊のシェルパ六人が、あっという間に氷の下に消えたのだ。山も恐ろしいが、この極北の海も恐ろしい。子供たちは、舟から身をのり出して、エメラルド色の氷のカケラなどとって遊んでいたが、私は舟べりをしっかり両手でつかみ、生きた心地がしなかった。

対岸につくと女や子供たちはすぐ茶筒のような空罐《あきかん》をかかえこみ、コケモモの実を摘《つ》みはじめた。ビーズ玉ほどの大きさだから、ひと握り貯めるのにもけっこう時間はかかる。みな、口にいれたり罐に貯めたり夢中だ。私も口に含んでみる。ひどくすっぱく、十粒も食べればそれ以上はとても口にできない。それでも、生肉ばかりのエスキモーの食料の中では、唯一の果実だ。彼等は一粒たりともおろそかにせず、たんねんに摘んでいく。アンナがすっぱさで鼻にシワを寄せながら、「日本にもこんなおいしいものがあるか?」と聞く。確かに日本でも二千五百メートルをこす山にある。しかし私はアンナを傷つけないように、

「日本にもあるけれど、ずっとずっと山の奥まではいらないと食べられない」

と答えておいた。

「オーイ、ナオミ、お茶をわかしてくれ」

シオラパルクの村長格で、今年六十八歳になるイヌートソアが声をかけてきた。村長の貫禄を示すためか、あまりわが家を訪れない。小柄だがガッシリした体格の老人であ

る。お茶といっても特別なものではない。海辺から氷をあつめてきて鍋のなかにいれ、お湯になったら紅茶の葉をぶちこむ。それでできあがりである。

「ティー、テーマ」（お茶ができたよ）

と呼ぶと、大人たちがゾロゾロとあつまってきた。トナカイの毛皮に腰をおろし、海を見おろすと、海の青さと氷山の白さがあざやかな対照を見せていて、まったくいい気分である。

太陽はまだ二時前だというのに、対岸の山に大きく傾いていた。しかし風がまったくないので、羽毛服だけでも寒さは感じない。むき出しの岩肌が太陽熱を保っているのだろうか、素手でもいいほどである。子供たちはコケモモの実の詰まった罐をしっかりかかえこんで満足そうだ。ピクニックとなると、気持も高揚するのだろう。いつもは内気なヤーク（十六歳）が、イミーナの孫娘リッキーナ（十二歳）の尻を追いかけはじめた。

## 好きでもない酒を買う

ピクニックが終わってから数日後、珍しくイヌートソアが朝早くやってきた。

「グッターー（おはよう）、ナオミ。俺はいまからとなり村のカナックへ出かけるけど、いっしょにどうだ？　明日には帰れるぞ」

シオラパルクには焼玉船が二艘《そう》ある。一艘は、私をシオラパルクに運んでくれたイミーナの息子の持ち船で、一艘がこのイヌートソアの持ち船だ。いずれもポンコツ小型船だが、カヤックとちがって、少々の波にもひっくりかえることがないから、数日がかりでセイウチ狩りに出るときなどは安全でよい。おまけにこれなら一頭四、五トンもあるセイウチを、数頭ひっぱって帰ることもできる。イヌートソアは今から、これで八十キロはなれたカナックまで買い物にゆこうというのだが、私は特に買いたいものがあったわけではなかった。

「いや、買いたいものもないし、ここでカモメでも射っているよ」

「ナオミ、酒を買いにいくんだぞ、部落の十月分の酒を買いにいくんだ」

このシオラパルクにも政府直営の販売所があり、茶、砂糖、ビスケット、狩猟用具などは手にはいった。しかしここには酒と名のつくものは一滴もおいていない。酒は、デンマーク政府の行政官がいるチューレ地区の中心地カナックまでゆかなければ、手にいれることができないのだ。

「酒? 残念だがイヌートソア、私は酒は飲めないんだ」

それに私は、できるだけ金をムダ遣いしたくなかった。エスキモーたちこそ、一銭の金がなくても生活していくことはできるが、私の場合そうはいかない。鉄砲ひとつにしてもそうだ。私の鉄砲は、彼等の旧式なものにくらべ、数倍性能のいい高級ライフルなのだが、こと狩猟の腕となると、彼等の足元にも及ばない。彼等のおすそわけをアテにすることができなくなるときがいつくるかもしれなかったから、私にはある程度のたくわえが必要だった。ところがイヌートソアは、私の返事を聞いてキョトンとしている。

酒が飲めないということがどういうことなのかわからないのだ。

「酒が飲めないだって？　日本人はみんなそうなのか？」

「そうじゃない。日本人にも、好きな者もいれば嫌いな者もいるよ」

イヌートソアは、まったく信じられないという表情で、腕を組み、ベッドに腰をおろした。私はこのグリーンランドへはいる許可をくれた、デンマーク・グリーンランド省の役人の言葉を思い出した。

「グリーンランドでいま私たちが一番頭を痛めているのは、酒と性病である。彼等に好きなように酒を与えていては、飲んでばかりいてまったく仕事をしなくなる。だからわれわれは酒を制限しているのだ。あなたもこの二つでは問題をおこさないようくれぐれも注意してください」

もともとエスキモー文化の中に酒はなかった。極寒の地では、原料となるものはいっさい育たなかったし、第一この気候では、発酵させることもできない。酒は一九〇〇年ころにはいったデンマークの遠征隊によって、はじめてもたらされたのである。それ以来、エスキモーと酒は切りはなして考えることができなくなった。

東海岸のアンマサリックでは、昼ひなかから酒に酔いしれているエスキモーたちを何度も見た。もしこのシオラパルクで、無制限に酒を売ったらどういうことになるだろう。とにかく村一番のプレーボーイのカーリがよくいっていたが、酒を買う金に困ることはないのだ。「酒を買う金なんかすぐできるさ。ちょっとボートを出せば、アザラシの一、三頭はすぐとれるんだから」

〝酒こそ天国へ導いてくれる神の水〟という彼等のことだ。もし酒が自由に手にはいるなら、金のあるかぎり酒に浸《ひた》りつづけ、ついには身をほろぼしてしまうだろう。デンマーク政府が、エスキモーへの酒の販売量をおさえているのはそのためであった。

酒の販売量は二十歳以上の男女それぞれひと月に、ビールの小びん三十本ときめられている。ビールのほかにウイスキーもあるが、度が強いので、ウイスキーの小びん一本は、ビール二十本分に計算される。だからもしウイスキーを一本買うと、ビールは十本しか売ってもらえない。デンマーク政府は、その酒の販売量をおさえておくために、「酒類販売実績手帳」とでもいうべきものを発行していた。イヌートソアはポケットからその赤い手帳をとり出し見せてくれた。ひらいてみると、なるほどイヌートソアへ売った酒の記録が書きこんである。

「九月一日ウイスキー一本、ビール十本。八月一日ウイスキー一本、ビール十本。七月一日ウイスキー一本、ビール十本……」ずっとさかのぼっても、ひと月とかけた月はない。おまけに買った日は例外なく一日である。これを見ても彼等がいかに酒を待ち望んでいるかがわかる。

イヌートソアは少し不機嫌になったようだ。酒が嫌いだということは、彼等にはまったくありえないことであったし、バカにされたとでも思ったのかもしれない。何度もくり返すが、私はエスキモーとの間に、ほんの少しのトラブルもおこしたくはなかった。

それになんといってもつきあいというものもある。私は眉毛をちょっと上げ、目を大きくしてイヌートソアの顔を見た。これがエスキモー式のＯＫの意思表示なのだ。ウインクの逆の要領である。

「わかった、わかったよ、イヌートソア。カナックにはいかないけど、ビールを十本ばかり頼む」

「たった十本？　村の者はみんな三十本も買うぞ」

私はもうヤケになって眉毛を思いきり上げ、カッと目を見ひらいて叫んだ。

「よし三十本、三十本!!」

私はイヌートソアに、ビール一本三クローネ、三十本分の九十クローネ（四千五百円）をわたした。イヌートソアはやっと機嫌をなおしてくれたらしい、顔を近づけてニヤニヤしながらいう。

「俺はもう年とってダメだけど、ナオミは若い。カナックで娘っ子でも抱いてきたらどうだい。おまえは日本人だからきっとモテるぞ」

やれやれ、また女の話だ。私は眉毛にシワを寄せ、顔をしかめた。これもエスキモー独特（万国共通かもしれないが）のノーの〝ジェスチャー言葉〟なのだ。

「イヤ私もそうしたいんだが、医者からオヒョーを使っちゃいけないといわれているんだ。だから三十二歳になってもひとりで暮しているんだよ」

私は例によって、いつもの逃げ口上を使ってイヌートソアのすすめをことわった。

イヌートソアは十月二日、カナックから酒を満載して帰ってきた。彼の船が、はるかかなたの氷山のかげからポツンと顔を出すと、村中は大騒ぎだ。子供たちが「イヌートソアが帰ってきたぞー」と大声でふれまわると、コルティヤンガもイミーナも、手に手に双眼鏡を持ち出してのぞきこむ。

イミーナはわずかに残った歯をむき出し、顔中シワだらけにして笑いがとまらない。もう酔っ払ったような顔つきで、「アー、ヤーヤーヤ……」と、エスキモー独特の唄を歌い出す。

「ナオミ、今夜酒を飲んでから遊びにいくからね」コルティヤンガの奥さんのレピッカが、旦那を目の前にして、平気で声をかけてきたのには驚いた。コルティヤンガはそんな女房をニヤニヤ笑って見ているだけだ。私はシオラパルクにきてから、こんなに機嫌のいいエスキモーたちを見たことがない。酒を目の前にしただけで、すでに酔っているようだ。

イヌートソアは部落の若者二人をつれてもどってきた。カートンに詰められた酒が、三箱、四箱と村人たちの手で浜にあげられる。イヌートソアも若者たちも、船の中でかなりやってきたらしく、すっかりごきげんだ。イヌートソアなど、もう完全にロレツがまわらなくなっている。それにしても、よくこんな状態であの危険な氷山の間を縫ってきたものだ。これでは酔っ払いどころか、泥酔《でいすい》運転で高速道路を突っ走っているようなものだ。私がビール三十本のはいったカートンを受けとり家に帰ろうとすると、イヌートソアが声をかけてきた。

「ジャパニ、今晩はわれわれといっしょに飲もう」

ここにきて、好きでもない酒をひとり飲む手はない。私は喜んで彼の招待に応じた。イヌートソアは村長といっても特別立派な家に住んでいるわけではない。ひとり者のイガーパルの家と同じように八畳一間の一軒家で、かわっているといえば、食物貯蔵用のヤグラがないくらいのものだ。そのかわり家の前には木の囲いがあり、なかに牙つきのセイウチの頭や、鯨の尾、アザラシの肉などが無造作に投げこんであった。入口の右側にトイレバケツ、反対側には石油コンロと鍋、天井からはアザラシの皮つき肉がぶらさがっていて、窓わきの台には、石油ランプ、汚れたコップ、ビスケット、茶などが乱雑にころがっていた。部屋の奥には、イヌートソア夫婦のベッド、反対側には予備のベッドがある。これは客がきたときの坐り台となる。

今夜ここで酒宴に参加するのは、クキッチョ老人とその息子のマサウナ夫婦、ラスムス夫婦とその息子、私とイヌートソア夫婦の計九人であった。クキッチョの死んだ妻は、イヌートソアの妹だったし、ラスムスはイヌートソアの弟だから、みな親戚同士ということになる。イヌートソアに子供はいず、ふだんは広く見える家だが、九人もはいるとさすがにいっぱいになる。イヌートソア夫婦は空罐をひっくりかえして腰をおろしていた。

買いこんだビールやウイスキーが足元につまれ、ナトックが、ビールの栓を一本一本抜いて全員の前においた。みな喜色満面、コップを手にしっかりと握ってソワソワと落ち着かない。酒宴はイヌートソアの乾盃の音頭ではじまった。「カスータ、カスータ」(乾盃)

私はあまり酒に強いほうではなかった。飲み過ぎるとすぐ陽気になり、分別をなくすので、注意して飲まなければならない。

第二次エベレスト偵察隊に参加したときのことである。いっしょになった三浦雄一郎エベレスト隊と、合同で酒を飲む機会があったのだが、私はその席ですっかり酔っ払ってしまった。あとから皆にひやかされたのだが、大声で歌い出し、あげくのはてはそこらじゅうに〝小間物〟をひろげて大迷惑をかけてしまったのだ。またエベレスト登頂後にも失敗談がある。登頂に成功し、明日はカトマンズに着くという日のキャラバンで、私はロキシーという焼酎のような地酒を一杯飲んだ。たった一杯だけだったが、酔いがすっかり身体中にまわり、まるで雲の上をフワフワ歩いているような気分になってしまった。そしてついに崖っぷちの尾根からころげ落ち、シェルパの肩に背負われて下山するというぶざまを演じてしまった。それでも口のほうはいっこうにとまらず、シェルパの背中でひとりおしゃべりをしていたというのだから恥かしい。私はそれ以後、酒には気をつけようと心にきめていた。

イヌートソアたちは、もうすっかりごきげんである。「ママット、ママット」といいながら、どんどんビールの栓を抜いていく。自分のビールも、他人のビールもおかまいなしだ。

「ナオミ、日本にはウイスキーはあるか？」

クキッチョ老人がニヤニヤ笑いながらたずねる。

「もちろんあるさ。日本ではいつでもどこでも酒は飲めるよ」

「ほんとうか？」

彼等はまったく信じられないという表情で私をみつめる。

「どうだいナオミ、俺の女房を抱かせようか？」

マサウナが妻のオーロッキャをひじでつつきながら言う。この調子では、三人の子供たちの父親がマサウナかどうか怪しいものだ。オーロッキャの顔を見ると、ニヤニヤ笑っている。ほんとうに神経がおかしくなってきそうだ。

「日本には何人くらい女がいるのかね」

クキッチョ老人がたずねる。

「アマッタヒウ、アマッタヒウ（たくさん、たくさんいる）。このグリーンランドの十倍も二十倍も……いっぱいいるよ」

私は両手をいっぱいにひろげて説明した。私はあまり酒を飲まなくてすむように、できるだけしゃべることにした。日本は冬でもここの夏よりもあたたかいこと、夏は三十度以上に気温があがること、そして海水浴といって海の水につかって遊ぶこと、草木が青々と繁《しげ》っていて、果物《くだもの》も豊富にあること……。

「日本ってそんなにいい国なのか。だけどストーブの火のように暑いところじゃ、わしらにゃ住めないよ」

「そんなことはないさ。ここと土地はちがうけど、日本人もエスキモーも同じ顔をしている。同じ仲間なんだ。私の家で写真をみたろ、住めないことなんかないさ」

「ウン」

「日本人はカナックにいる行政官の白人とちがうだろ？　エスキモーと日本人は同じ。私とみんなは親戚なんだ」

マサウナに説明していると、イヌートソアも顔を真赤にして「そうだそうだ」とやりはじめる。そして棚においてあったラジオをとり出してきて、

「これは日本製だ。これもおまえがつくったのか」

と聞く。なるほどHITACHIと書いてある。

「いや日本人がつくったけど、俺がつくったんじゃない。俺は、ニヤッコ、ペカンギラ、ニヤッコ、ペカンギラ（頭はカラッポ）」

私は自分の頭をポンポンとたたいてみせた。

ビールはもうすっかりカラになり、彼等の目は酔いで完全にすわってきた。誰にとられるわけでもないのに、皆それぞれ自分のウイスキーをしっかり抱きしめている。床の上に置いたままなのは、いつも冷静なナトックだけだ。もうカップに注いだものさえま

ともに飲めないで、半分以上は床にこぼしてしまう。オーロッキャが「ジャパニ、ジャパニ……」といいながら私のそばににじり寄ってくる。逃げようとすると腕をとる。旦那は知らん顔で酒に夢中だ。彼女の吐く息が酒臭く、私はそれだけでも酔っ払ってしまいそうだった。

そのうちビール箱をベッドの下におしこみ、わずかばかりのすき間をつくって、ラジオにあわせ夫婦同士のチークダンスがはじまった。エスキモー向けのラジオ電波は、グリーンランド南部のゴットホープからながれてくるのだ。ランプだけの薄暗い部屋のなかは、酒と人いきれでムンムンしていた。それに入口近くのトイレバケツから出る糞尿の臭いがいりまじって、鼻が曲りそうだ。

私は彼等がダンスに夢中になっているスキを見はからって、こっそりとイヌートソアの家を抜け出した。しかしオーロッキャがあとを追いかけてきたのには驚いた。酔っ払っているうえに石ころだらけの道だ。彼女はコロコロころがりながらまといつく。まったく閉口してしまった。男と女の追いかけっこは私たちばかりではなかった。あちこちで若い男が女にくらいつく。女はそれをふりきり、めざす男におぼつかないあしどりでヨタヨタと迫る。部落の中はメチャクチャである。オーロッキャをふり切ってわが家へ帰っても、どうせまた酔っ払ったアンナやナバラナが襲ってくるだろう。戸外で星でも見ながらシュラフにもぐりこもうと思ったが、マイナス十五度という気温だ。おまけに私は酔っている。たちまち凍死してしまうにちがいない。仕方がない。私はまたイヌートソアの家にとってかえし、しばらく時間をかせいでからやっとわが家のベッドにもぐりこむことができた。

エスキモーは酒に目がないとは聞いていたが、これほどとは思っていなかった。なるほどこれでは、酒が自由に手にはいったら、二晩でも三晩でも彼等は飲み続けるにちがいない。たとえば三人の子供の母親が皆ちがうほど女好きのカーリにしてからが、「酒か女か」という問いには即座に、「もちろん、酒」と答える。カーリばかりではない、十人が十人、皆そうだ。だから酒をとりあげられることは、彼等にとって大事件である。

カーリの弟のウーマは数年まえ酒に酔い、コルティヤンガの家の窓をメチャメチャに壊したうえ、ナイフでコルティヤンガの脇腹を突き刺すという事件をおこした。血の吹き出る腹にシャツを巻きつけ、八十キロはなれているカナックへ犬橇を走らせて命だけはとりとめたのだが、その事件でウーマは、政府直営販売所のボスから酒の販売をことわられた。酒を買うこともできないし、また誰も彼には飲ませない。酒こそ生甲斐《いきがい》というエスキモーにとって、この刑は死刑にも値する極刑なのである。

この酒宴は私にとって大きな収穫だった。これ以後部落にすっかりとけこむことができるようになったからである。彼等の表情を見て、いろいろと神経をはたらかせる必要もなくなったし、子供たちが私の部屋にきて本をやぶったり、仕事の邪魔をしたりしたときでも、「いけないことだ」とハッキリしかることができるようになった。また子供たちの散髪をしてやり、わざとトラ刈りにして子供たちをからかうこともできるようになったし、せまい部屋のなかで堂々と尻をまくり、トイレバケツにまたがることもできるようになった。酒の効用もまんざら捨てたものではない。

酒宴でなによりもありがたかったのは、洗濯の難問が解決されたことである。私のひとり暮しを見かねたのだろうか、イヌートソアの奥さんのナトックがよく家に寄ってやってくれるようになったのだ。頼まないのに、部屋のなかをカモメの羽根毛で掃除してくれたりもした。もうおばあちゃんだから、アンナやナバラナのようにあとがこわいということはない。ナトックは、ひとり暮しのイガーパルの面倒を見るのとまったく同じように、心からの善意で私の世話をしてくれたのだった。

# エスキモーとの狩猟生活

章扉の写真

海氷が一面をおおうようになると、アザラシはアッドとよばれるテニスボールほどの呼吸用の穴をあける。これが狩りの目標となる

# 犬橇用ムチに往生する

　十月にはいってから私は犬橇《いぬぞり》用ムチの練習に本腰をいれるようになった。このムチ一本が犬橇のすべてを左右するのだが、たかがムチ一本である。私は一カ月も練習すれば十分だろうとタカをくくって、これまではマラソンを中心にしたトレーニングしかしていなかった。ところがはじめてムチを手にして、それがとんでもない甘い考えであることをいやというほど思い知らされたのである。

　ヒゲアザラシの皮をラセン状に切りのばしてつくったムチは、全長八メートル、幅は手元で一センチ、先にゆくほど細くなっていて、先端の幅は一ミリほどである。先端には、ふったとき音が出るように、一メートルほどの釣糸用テグスが結んである。それを一メートルばかりの木の棒にしばりつけた簡単なものなのだが、いざふってみると、これが大変な難物なのだ。こちらのいうことをまったく聞いてくれない。

　波で打ちあげられた氷の塊《かたま》りを犬に見たて、練習をはじめたのだが、目標物にあてるなどとんでもない話だった。右手に柄を持ち、大きくうしろにまわったムチを前方にふり出すのだが、ムチはせいぜい半分ほど前にのびるだけで突然方向をかえ、私のほうへうなりをあげてとんでくる。猛烈に痛い。目から火花が散るという形容があるが、これはたとえ話ではなく、本当に火花が散るのだ。羽毛服のフードをかぶっていても、何の役にもたたない。前に伸びたムチをうしろへふりもどそうと腕をひくと、またもや先端が目の前にとんできたが、これは素早く頭を下げてやりすごす。もう一度腕を大きくのばし慎重にふり出すと、こんどは先端が足にクルクルとまきついてしまった。たかがムチ、と思ったのは、とんでもない思いあがりだったのだ。ちょっと試しただけでこのていたらくだ。

ムチの腕を拝見しようと私をとりかこんでいた子供たちは大喜びで、私の顔面をムチが襲うたびに「ナオミ、エパウタ、アヨッポ」（ナオミはムチが下手クソだなあ）と、笑いころげる。そのうちターベがでてきて、「ちょっとムチを貸してごらんよ」と私の手からムチをとりあげると、足を大きくひらきふってみせた。ムチ先は大きな弧を描いたかと思うと、パチンと小気味のいい音をたてる。なるほどみごとなものだ。こんな小さな子供にもできるのだ、私にできないことはあるまいと、ターベに二、三回ふらせ、腕の動きをよく観察してからふたたびアタックしてみたが、結果は同じだった。こんどはイヌートソアが出てきてムチをふってみせてくれる。さすがに私の目にもターベよりグンとうまいことがわかる。ムチは歪《ゆが》みもせず、琴線《きんせん》のようにピンとのびて目標物をうち、腕を八の字型にまわすだけで、前後左右にとびかう。ピューピューと自由自在にあやつられるムチは、一匹の生きもののようで、じつにあざやかなものだ。

犬のムチさばきは、犬橇をあやつる重要な技術のひとつである。いやひとつというよりすべてといってもいいほどである。南極を犬橇で横断するには、欠くことのできない技術だ。私はこの日いらい、ムチの練習に本腰をいれることにきめた。ふる回数も一日二百回から徐々にふやし、五百回までにあげたが、一カ月たってもうまくふることができなかった。これいらい、私の顔にしっぺ返しのミミズばれはたえたことがなく、鏡をのぞきながら軟膏《なんこう》を塗るのが日課のひとつとなってしまった。

## イヌートソアの養子となる

十月もなかばにはいると、気温もさがる一方で、マイナス二十度をこえる日がだんだん多くなってくる。太陽が南の水平線に顔を出す時間も一日数時間と短くなり、日中でも薄暗い。

ムチふりのほかにもうひとつの日課であったマラソンも、浜辺が凍りはじめて危険になったので、できなくなってしまった。そこで私は、マラソントレーニングのかわりに、酒宴いらいすっかり仲良くなったイヌートソアの家に、真水の原料である氷の塊りを運ぶことにした。寒風が吹きすさぶなかで浜辺にうちあげられた氷をナイフでわりくだき、家まではこぶ作業は、老人にとっては重労働である。おまけにイヌートソアの家は浜辺からずっと離れたところにたっているので、彼等にはとてもつらい仕事だったのだ。

私が寒さで耳を真赤にして部屋にとびこんでゆくと、ナトックはいつも両手を私の耳にあてがい、「イッキャンナット」とニッコリ笑い、お茶をいれてくれるのだった。

イヌートソアは男二人、女二人の四人兄弟だった。いっしょに酒を飲んだラスムスは彼の弟である。姉妹は死んでしまってもういない。特に姉のナバラナは、このチューレ地区にはじめてはいった行政官フルゲンの妻となり、エスキモーと白人の橋わたしの役目をつとめたエスキモーきっての識者であった。彼女の話はフルゲンの書いた『エスキモーの本』にもよく出てくる。

ナトックは六十四歳。イミーナの妹で、イガーパルは彼女の弟にあたる。このように部落の人々は血縁をたどってゆけば、皆なんらかのつながりを持っているといってよさそうだ。

イヌートソアの昔話は楽しい。

「昔は砂糖もビスケットもタバコもなかったが、白人の遠征隊がくるようになってから、わしらの手にもはいるようになった。アザラシの皮との交換じゃった。いまから考えればひどい話だが、アザラシの皮一枚でタバコ一箱もくれなかったもんだ」

「われわれはセイウチ、アザラシ、トナカイ、キツネ、白熊などの毛皮しか使っていなかったが、遠征隊の白人たちはいろんなものを持っていたよ。鉄砲なんかは、手で押えるだけで、二十メートルも三十メートルも先の獲物を殺してしまうんだから、はじめて見たときはそりゃあビックリしたもんだ」

「南のほうにはどんな国があるのか、まったくわからなくてな。私の姉のナバラナが、フルゲンと結婚してデンマークへ行ったときなどは、ほんとにつらい思いをしたもんだ。それでも、オトギの国へ行けるというので半分はうらやましかったな。姉がデンマークから帰ってきて、私たちにいろんな話を聞かせてくれたが、みな驚くような話ばっかりでな、おおきな青々とした木が繁っていて、その実には甘い砂糖がいっぱいはいってい

イヌートソアとナトック

る、家も高くて、頭の上に二段にも三段にもなって住んでるというんだ。いくらナバラナのいうことでも信じられなかったよ。日本もそうなんだろ、ナオミ」

イヌートソアは若い頃、政府機関につとめたり、極地をおとずれる遠征隊のガイドとして働いたことのある、シオラパルクきっての教養人である。それだけに、白人から受ける有形無形の人種差別を肌で感じていたようだ。エスキモーといっても、サッキウス老人のように、獲物を追って極地を転々とする生活にあけくれていたものには、白人に対して優越感こそあっても、劣等感などはサラサラもっていない。白人にはまったく無関心である。ところがイヌートソアのように、ある程度接触する機会をもったことのあるエスキモーは、白人に対してある感情をいだいているようだ。

「白人はわれわれをだます。わしは遠征隊に何度も加わったことがあるが、地理もぜんぜんわからず、たった五頭の犬橇さえまっすぐに走らせることもできないのに、白人は威張ってばかりいるんだ。二十年前、わしがカナダのほうへフランスの遠征隊といったときのことだ。わしはあんまりおもしろくないから帰るといったら、カットナ（白人）の野郎は、わしに鉄砲をむけておどかしやがった。日本人も白い顔をしていると思っていたが、エスキモーと同じ顔をしてるんで、びっくりしたぞ」

イヌートソアはそういって私の手を握りしめた。チューレ地区のエスキモーはイヌートソアばかりではなく、みな私のことを「ジャパニ・エスキモー」と呼んだ。彼等は日本人がエスキモーと同じ色、同じ顔をしているのが、とてもうれしいようであった。私がシオラパルクにはいって、こころよく受けいれてもらえたのも、苦心して子供にアプローチしたジェスチャー体操のせいではなく、この同族意識があったからなのかもしれない。

　アマゾン河をイカダでくだったときもそうであった。たったひとりで六千キロもくだるという私の計画を聞いて、ペルーの軍隊も警察も、いちように狂気の沙汰《さた》だという。十人が十人、河畔のインディオたちは狂暴だから、殺され食べられてしまっても知らないぞとおどすのだ。しかし、黒いオカッパ頭のインディオを見たとたん、私は白人には感じなかった仲間を見つけたように思った。チチカカ湖に住むウロス族との出会いにしてもそうであった。自分のなかに少しでも人種差別、優越感などがあれば、いかに表面をとりつくろっても、相手は敏感にそれを感じとるだろう。私がそのとき感じた仲間意識を、いまイヌートソアは私に感じていてくれるのかもしれない。私はそんなイヌートソアにも、また田舎に住んでいる母を思い出させるナトックにも、心の底から甘える気持になっていた。

　そんなある日のことである。いつものように話しこんでいると、イヌートソアが突然、養子にならないかといい出した。私は驚いてしまった。日本で養子縁組といえば大変なことだ。第一私は田舎に両親もいる。それに私はずっとここに住むつもりもない。せいぜい一年でここを出ていくのだ。私はそんなことをイヌートソアに一所懸命説明した。ところが彼はそれがどうしたという表情で、いっこうに反応がない。たしかにエスキモーにとって、養子縁組は私がムキになるほど大げさなことではなかった。エスキモーには私生児が多いし、きびしい自然のなかでは早く親に死に別れるケースもある。一方子供たちは十五歳位で一人前の狩人になってしまうと、ほとんどが家を出て独立してしまうから、子供のいない家も多くなる。だからエスキモーの社会ではごく簡単に養子縁組ができあがってしまうのだ。

私はイヌートソアの申し出を受けることにした。儀式といっても簡単なもので、三人が両手を出し、それを重ねあわせるだけである。ナトックは私の両手を強く握っていかにもうれしそうだ。日本ならばここで祝宴ということになるのだろうが、酒は一滴も残っていない。ナトックがわかしたお湯でお茶を飲み、イヌートソアがもってきた鯨の生肉をかじるだけである。しかし私は満足だった。これでシオラパルクでの極地訓練が、よりスムーズにゆくだろうといううれしさよりも、まず人間同士のあたたかい肌にふれたような気持で、私は最高に幸せだった。私はそれ以後、イヌートソアを「アダダ」(お父さん)、ナトックを「アナナ」(お母さん)と呼んだ。

ところが、このあと私はこっそりとウパナビックまでの犬橇旅行をくわだて、親不孝のかぎり(?)をつくすことになるのである。

## 冬仕度がはじまる

十月もなかばを過ぎると、日中でも家のなかはうす暗く、一日中ランプをつけていなければならない。このころになると、エスキモーたちはボツボツ冬の用意をはじめる。イミーナは家の前に板きれとノコギリを持ち出し、犬橇をつくっていた。白熊のアノラックを着こみ、「アー、ヤーヤー」と唄を歌いながら、ノコギリをゴリゴリ引いている。コルティヤンガの家では、妻のレピッカが、トナカイの毛皮でアノラックを縫《ぬ》おうとしていた。十一歳のニルシーナまでがアザラシ皮のはぎれをもち出し、手袋を縫っている。カーリ兄弟は犬橇用の胴バンドをつくるのに余念がない。いよいよ厳しい冬にそなえて冬仕度がはじまったのである。

最近のようにマイナス二十度をこえる日が多くなると、羽毛服だけでは寒く、半日とは外にいることができない。靴だけはイヌートソア父さんのアザラシ靴を使っていたから、冬でも大丈夫だが、犬橇に乗るようになれば、毛皮のアノラックでなければ、とても寒さを防ぐことはできない。そこでナトック母さんがトナカイの毛皮で仕立ててくれることになった。

ナトック母さんは、三畳ほどのトナカイの毛皮を三枚とり出した。毛皮は乾燥してちぢみあがり、カチカチである。これを鯨の筋で縫いあげるのだが、はたしてこんなかたい毛皮に針がとおるのだろうか。ナトック母さんは、水で濡らしたり、先が平らになった棍棒でドンドンたたいたり、やわらかくするのに汗だくである。たいへんな重労働で、日本でいう針仕事のイメージとはかなりちがう。毛皮が少しやわらかくなると、こんどは私の寸法とりだ。私を立たせ、背中に手をあてがったり、腕で胴まわりをはかったり、ときどき「もっと首をのばして」とアゴをグッと引きあげたりする。洋服を仕立てるときとまったく同じだが、ただひとつ全部それを目測でやるところがちがう。メジャーもなにも使わない。これで正確な寸法がわかるものだろうか。できあがってブカブカだったり、小さすぎたりすることはないのだろうか。

寸法とりがすむと、こんどは裁断である。ナトック母さんは扇形のウロー（ナイフ）をとり出して、別にあたりをつけるでもなく、無造作にグイグイとナイフをいれてゆく。

エスキモーの女たちは皆そうだった。ニルシーナはアザラシの皮で手袋と靴をつくってくれたが、そのときも自分の手を私の手にあわせ、寸法をのみこんでから、すぐ皮にナイフをいれた。上着はともかく、手袋がブカブカでは使いものにならない。できあがりを心配していたが、ニルシーナは私の手にぴったりの、二本指のミトンをみごとに仕上げたのだった。

ナトック母さんは、私を前にしてニコニコしながら針をすすめていた。背中をちょっとまるめながら針をはこぶ姿は、田舎の母と少しもかわらない。形ができあがると顔のまわりに、風よけの北極ギツネの尾を縫いつけ、袖の先に白熊の毛皮をつけて、これでできあがりである。この作業をナトック母さんは四日で仕上げてしまった。さっそく着てみる。非常にあたたかい。あたたかいというよりも、家のなかでは暑いほどだ。着た感じはゴワゴワしているが、身体を前後左右に動かしても、変に引っ張られたり、あったりするところがない。私は板のように固い毛皮を、メジャーも使わずにここまで仕上げるナトックの腕に舌を巻いてしまった。

イヌートソア父さんは、私の姿を見て「オー、私のエスキモー」とはやしたてる。私より十センチも背の低いナトック母さんは、フードのなかに両手をさしいれて頰をつまみ、赤ん坊をあやすようにしながら、「ナオミ、うまく縫えてよかった。これさえあれば、どんな寒い冬がきても大丈夫よ」と、いかにもうれしそうだ。三十もとっくに過ぎて、こんな子供扱いされたのははじめてだったが、私にはかえってそれがうれしかった。

ナトック母さんの好意にどうこたえたらいいだろう。私はすぐに適切な表現がうかばなかった。しかしなんとかナトック母さんにこのうれしさを伝えたい。私は「あたたかい、とってもあたたかい。それにピッタリだ」と叫びながら、せまい部屋のなかをとびまわり、ファッション・モデルのようにポーズをとってはしゃいだ。そして暗い外にとび出すと、屋根にかけてあるイヌートソア父さんの犬橇用ムチをとり出し、力いっぱいふり回した。

太陽がだんだん低くなり、部落が冬仕度をはじめるころ、イミーナはカヤックで猟に出るのをやめてカモメ射ちに熱中するようになる。十月のある日、イミーナが空に向って、なにやらズドンズドンやっているのがそうだった。浜辺に出て、鉄砲を海に向けていれば鯨、空に向けていればカモメと考えてまずまちがいない。散弾のあたったカモメは海の上にバサリと落ちる。ところが近くをとびかっていたカモメは、それを見て逃げるでもなく、かえって宙返りをして海に落ちた仲間目がけて、先を争ってあつまってくる。どうやらエサを見つけて海に舞いおりたと思うらしい。イミーナは待ってましたとばかりに散弾銃をぶっ放し、あっという間に五、六羽のカモメをしとめてしまった。これならどんなに射撃の下手な私でもできそうだ。

落ちたカモメは、浜から二、三十メートルほどの海にプカリプカリ浮いていた。ところがイミーナはいっこうにカヤックをこぎ出そうとしない。私は手伝おうと思い、羽毛服にアザラシ靴をはいて浜辺にとび出した。

「イミーナ、俺がカヤックでナーヤ（カモメ）をとってきてあげるよ」

ところがイミーナは、ニヤニヤ笑いながら、

「なあに、カヤックなんか出す必要はない。そのうち、むこうからやってくるさ」

なるほど、ものの十五分とたたないうちに、カモメは波に運ばれ、手の届くところまでよってきた。手にとってみるとうすい灰色がかった鳥で、大きさはニワトリくらいある。私が羽根をひっぱったり、ひっくりかえしたりして観察していると、イミーナが声をかけてきた。

「オーイ、ナオミ、そのナーヤをこっちにちょっと貸してくれ」

イミーナはカモメを受けとると、羽根のつけ根を強く握った。するとカモメは機械じかけの人形のように、羽根をピンとひろげる。全長一メートルほどもあるだろうか。イミーナはナーヤの鳴き声をまね、羽根をひろげてあげたりさげたりしている。私ははじめ鳥を殺したときのまじないでもしているのかと思った。ところがこれはエスキモー流の鳥寄せだったのである。しばらくすると視界からまったく消えていたカモメが二羽、三羽と姿をあらわしはじめた。四メートルほどに近づいたところでイミーナは鉄砲をぶっ放す。

この策略も効き目がなくなると、こんどはカモメを空中高く何度も放りあげる。そして素早く地べたにしゃがみこんで鉄砲をかまえる。これを二、三回くりかえすと、カモメはまたまたひっかかってきた。ここの鳥には、警戒心がないのだろうか。似たような単純な手口に、なんどもくりかえしてひっかかるカモメを見ていると、これは警戒心の問題以前に、そもそもよほど間抜けな鳥なんじゃないかと思えてくる。

「もうそろそろ海が凍って、鳥がこなくなるからな、ナーヤをとるのはいまのうちなんだ」

イミーナは手にいっぱいカモメをかかえていった。エスキモーたちはこのカモメを塩ゆでにして食べるのだ。味は鶏肉とよく似ている。しかし日本のブロイラーなどより肉はしまっていて、ずっとうまい。エスキモーたちは、セイウチ狩りやアザラシ狩りに出かけたときでも、かならず二、三羽のナーヤをとって帰った。この鳥はデンマーク政府から害鳥に指定されているので、政府直営販売所にその脚を持ってゆくと、一羽五十円で買いとってくれるのだ。となりのコルティヤンガなどはいつも四、五羽のナーヤをとって帰り、その金で子供や孫たちにビスケットを買って与えていた。

このナーヤが空に舞うときは、イカルワックというイワシに似た魚の大群が浜に押し寄せていることが多い。このイカルワックが押し寄せてきたときも、浜は鯨に負けない大騒ぎとなる。村中が総出でバケツを持ち出し、浜にうちあげられる魚をひろったり、カヤックを出してタモですくいあげたりするのだ。ひとりがバケツで五回は家へ運ぶから、平均五十キロ以上はとっているのではないか。このイカルワックも、セイウチの生肉と同じくすぐに生では食べなかった。塩だきにしてから食べるのだ。内臓の多い魚で、煮ると身がボロボロと離れる。ジストマの類でも警戒しているのだろうか、生で食べるのは数日たって、カチンカチンに凍ってからだった。エスキモーたちは十二月いっぱい、好んでこれを口にしていた。

## アザラシ狩り

ある日、イヌートソア父さんが私を呼びにきた。

「ナオミ、これからアザラシ射ちに出かけるから、すぐ船の用意をしてくれ」

冬も間近に迫った海はなかば凍りかけ、灰をぶちまけたようにドロリとしていた。波もあまりたたなくなったし、海に魚を求めて、あれほど無数にとびかっていたナーヤの姿も、最近ではまったく見ることはできない。残像のようにおぼろげな太陽が水平線にボンヤリと顔を出しても、海面はキラともひからない。こんな状態の海にエンジンつきとはいえ、船を出しても大丈夫なのだろうか。

「船でアザラシ狩りに出られるのもこれが最後だろうな。アザラシ？　遠くまではいけないが、このフィヨルドを出ればきっといるさ。ナオミは船のエンジンをかけといてくれ。わしはこれから、若い連中をつれてくるから」

イヌートソアはそういって、部落のほうへ歩いていった。私はナトック母さんのつくってくれた、新しいアノラックと白熊のズボンで身をかため、ライフルをかついで、船のつないである浜に出た。知らない人がこの私を見たら、顔つきといい、装備といい、一人前にライフルをかついだ格好といい、きっとほんもののエスキモーとまちがえることだろう。射撃がまるっきりダメだとは思うまい。浜辺は完全に凍りつき、足元が滑って危ない。焼玉エンジンに火をいれ、あたためていると、イヌートソア父さんは二人の若者をつれてやってきた。二十八になっていながら、いつもよだれをたらしているカークと、目が少しひきつり、キツネのような顔をしているタッチャンガだ。タッチャンガはカーリと並んで、部落でも指おりのプレーボーイで、右どなりの家の娘との間に今年十二歳になる私生児をつくり、左どなりの家の娘と結婚して三人の子供をもうけている。それでも自分の妻だけでは満足せず、いつも村の娘を追いまわしていた。

冷えきった焼玉エンジンをあたためるのには時間がかかる。それでも午後になって、太陽が水平線に顔を出しはじめた頃、四人は薄く氷のはった海にのり出すことができた。赤く灼《や》けたお盆のような太陽は、昇るでもなく沈むでもなく、ただ南のほうへ横にころがっていくだけだ。

「ナオミ、今年最後の太陽だ。もう明日から二月の末までは出てこないぞ」

とイヌートソア父さんがいう。吐く息が煙草の煙のようだ。私はいままで太陽が沈むのを見て感傷的になったことは一度もなかった。しかし今の私には、マイナス四十度をこえる厳冬のグリーンランドに、犬橇でアタックしようという計画がある。はたして四カ月後、再びこの太陽を見ることができるだろうか。私は妙に感傷的になっていた。カークは船尾にたち、パイプをふかしながら足で舵をとっていた。少し厚い氷の群につっこむと、いくらエンジンをふかしても船は進まないから、船はジグザグの進路をとっている。タッチャンガは、ヤリの先にヤスリをかけたり、塩水でサビついた銃身内にひもをとおし、石油をそそぎながら掃除をしたり、準備に余念がない。イヌートソア父さんは、アザラシのかげを求めて双眼鏡をのぞきこんでいた。今年最後の太陽も、彼等にとっては毎年毎年くりかえされる生活の一部でしかないのだろう。

シオラパルクの浜を離れて一キロ、フィヨルドの入口まできたとき、イヌートソア父さんが叫んだ。

「アザラシだ。カーク、エンジンをあまりふかすな、逃げてしまうぞ」

私とタッチャンガは銃に弾をこめ、イヌートソアの指さす方向へ目をやった。なるほど四百メートルほど先の新氷の上に、ポツンと黒い点が見える。エンジンの音は小さくなったものの、息を殺している私にはこまかく氷を砕くシャリシャリという音とともに、とても耳ざわりに聞える。船は人が歩くほどのスピードでゆっくりとアザラシめざして進んだ。イヌートソア父さんはアノラックからトナカイの毛をむしりとり、放り投げて風の方向を調べる。

「カーク、もっと右にまわれ、まっすぐいくと逃げられてしまうぞ」

イヌートソア父さんは次々とカークに指示を出す。見つからないように、風下から追おうというのだ。百メートルほどに近づいたとき、イヌートソア父さんはカークに命じてエンジンをとめさせ、自分も鉄砲をもって舳先にたった。カークも鉄砲を持ち出し、舳先には四挺の銃がズラリと並ぶ。はじめは小さな黒点にしか見えなかったアザラシも、ここまで近づいてみると、セイウチに劣らぬ全長四メートルほどのヒゲアザラシであることがわかった。ヒゲが鼻のところからわかれているのがはっきり見える。われわれが狙っているとも知らずに、アザラシは身体を氷のうえにドタリと投げ出していた。

「いいか、おれがヤーと合図をしたら、いっせいに射つんだぞ。それまではアザラシが動いても射っちゃいかん、いいなナオミ」

凍りはじめたフィヨルドは波ひとつなく、船は静止したままだ。私はライフルの照準をあわせ、引き金に指をあてて息を殺した。しばらくジッとアザラシを見ていたイヌートソア父さんが、「ピー」と口笛を吹いた。するとアザラシは「何の音かな」という、キョトンとした表情で頭をもたげてこちらのほうを見る。私はすぐアザラシの頭部に狙いを定めた。とたんにイヌートソア父さんの「ヤー」という合図がかかり、四挺の銃はいっせいに火を吹いた。アザラシはもたげた頭を、パタリと氷の上に落した。エンジンを再びふかして近づいてみると、弾はみな頭部をみごとにつらぬいていた。ただし三発だけである。四人同時に射ったのに当ったのは三発。誰がはずしたのかは、いうまでもないだろう。

厚さ二十センチほどの新氷の上ですぐ解体作業がはじまった。解体作業は素手《すで》でする。マイナス二十五度では彼等もさすがに手が冷たいのだろう、ときどき湯気《ゆげ》をたてているアザラシの内臓に手をつっこんで、あたためながら作業をすすめている。

アザラシの解体には二通りある。つまりアザラシの皮をそのまま販売所に売るための場合と、アザラシ皮のムチをつくる場合とでは解体の仕方がちがうのである。特にムチ用の皮を残す必要のない場合は簡単だ。アザラシをあおむけに寝かせ、頭の先から尾ま

アザラシの解体作業

で腹にナイフをいれる。そしてなるべく皮に皮下脂肪を残さないよう、キズをつけないように、皮をはいでゆくのだ。

ムチをつくる場合は、これより少し皮はぎは面倒である。まずアザラシを輪切りにするように切れ目をいれ、皮下脂肪と皮の間にうまくナイフをいれて、スッポリ抜くように皮をはぎとるのである。つまりイカを輪切りにしたような皮がとれるのだ。エスキモーたちは家へ帰ると、これをナイフで細長い皮ひもに切りのばし、犬橇用のムチをつくるのである。

新氷のうえで皮をはぎ終わると、こんどはいよいよ胴体の解体である。内臓が次々ととり出される。作業中彼等がひょいひょいとつまみ食いをしていたのは肝臓であった。これはエスキモー語でチグといい、アザラシ狩りの大きな楽しみのひとつである。解体中、彼等が生で口にするのはこのチグぐらいのもので、小腸と心臓を残すと、あとは全部海のなかに捨ててしまった。

セイウチの場合でも、その場で口にするものはすくない。せいぜい脳ミソと、心臓のまわりの血管くらいである。この血管はちょうどサッとお湯をくぐらせたイカのような味で、なかなかうまい。私も帰りの橇のうえで裂《さ》きながらよく食べたものだ。

私も氷のうえにあがって解体を手伝おうとしたが、新氷がまださほど厚くなく、危険なので、船のなかから肉の塊りを受けとることにした。ナトック母さんのつくってくれたコリッタ（トナカイの防寒衣）は非常にあたたかく、太陽がかげっても、寒さは少しも感じなかったが、手の冷たさにはまいってしまった。血でヌルヌルする肉片は素手でなければつかめない。手が肉に触れている間はポカポカとあたたかいのだが、それが外気にふれると、針で刺されるようにチクチク痛み、すぐ自分の思うように動かなくなる。

私は寒さについては自信があるつもりだった。過去に厳しい体験をいくつもしているからだ。エベレストの頂上では素手《すで》で16ミリをまわしたし、マイナス四十度という、厳冬《げんとう》のグランドジョラスにも耐え抜いてきた。しかしいまこうして寒さにもろい自分の手を見ていると、グランドジョラスでは小西さんはじめ他の四人の山学同志会のメンバーの助けがあったからであり、エベレストでも、松浦さんのきめ細かい指導があったからこそ耐えられたのだということがよくわかった。すべて自分の力でやりとげたような錯覚をおこしていた自分が恥かしかった。

私は顔が血でよごれるのもかまわず手を頬にあて、あたためながらつみこみ作業をおえた。解体をはじめてから、わずか十分であった。

アザラシはエスキモーにとって重要な食料源であるばかりでなく、数少ない換金商品のひとつだ。村の政府直営販売所が、アザラシの皮をひきとってくれるからである。アザラシの皮をなめすのは女の仕事だ。まず水をはった桶の中に、日本の洗濯板のような板をたて、二センチほどの毛が密生している皮を裏がえしにしていれる。そしてウローというエスキモー独特の扇状ナイフで、皮下脂肪をきれいにそぎとるのだ。地べたに桶をおき、股ではさむようにしてゴシゴシこすっている格好は、日本の昔の洗濯風景とまったく同じだ。鋭利なナイフなのだが、皆たくみな手さばきで、皮に傷ひとつつけずに脂肪を落してゆく。ところが私は彼女たちが、ときどきその脂肪をひょいひょいと口にほうりこんでいるのに気がついた。この段階にまできた毛皮には、もう食べられる部分はないはずだが……。よく気をつけて見ていると、それは皮と皮下脂肪との間にある白い膜をはぎとって口にいれているのだった。うまそうにクチャクチャやっているので、私も味見してみたが、全くの無味無臭で、ちょうど味のない固いチューインガムをかんでいるようなものだ。

女たちはそのチューインガムを嚙みながら脂肪をきれいにはがし、水洗いしてから皮の周囲に穴をあけ、ひもを通して外で乾燥する。犬に食べられないように屋根の上とか、肉貯蔵用のヤグラのうえにおき、寒風にさらしておくと、毛皮は二日間ほどですっかり水分が抜けてほしあがる。毛皮はひもをはずしてもそのままで、一枚の板のようだ。これを販売所に持っていって売り、エスキモーたちは生活に必要な、砂糖、お茶、ビスケットなどを買うのである。

# 犬橇の持ち主となる

十月二十日を境にして、太陽は視界からまったく消えてしまった。いまではわずか高度九百メートルにみたない裏山の氷帽に、赤い陽を残しているだけである。これまで半凍状態でドロドロしていた海も、いまはもうすっかりあざやかな氷の青にかわっている。戸外は一日中暗く、空には一面に星がキラキラとかがやいていた。

私も漫然と暮しているわけにはいかない。私はカザマスキーが試作してくれた犬橇を組み立てることにした。この橇は一八八八年に、はじめてグリーンランドを横断したナンセン型で、日大隊（池田錦重《かねしげ》隊長）が一九六八年の八百キロ横断に使用した橇を改良したものだ。日大隊は五人の隊員が二台の橇をひき、四十日ほどかかって横断したのだが、この橇はその途中の山岳地帯、氷河、クレバスなどの難所にみごと耐え抜いたのだった。

私はこれをエスキモー犬にひかせようと考えていた。幅を八十センチにひろげ、長さも、より多くの荷をつめるように、三・五メートルまでのばした。滑走板《ランナー》の前部も強化した。全重量は十八キロで、三百キロから四百キロの荷をつむことができる。

犬は、イヌートソア父さんとコルティヤンガが一頭ずつ、それぞれ百クローネ（五千円）でわけてくれた。ほんとうは未教育の犬から自分で教えこむのが一番いいのだが、氷がはりはじめたいまからではもう遅い。犬は全部オスで、秋田犬よりも少し小柄の足の太い犬だ。コルティヤンガから買った犬は色が黒かったので、「コンノット」（黒）、イヌートソア父さんから買った犬は白だったので「カコット」（白）と呼んだ。傑作だったのはカーウンナから買った二歳の若い兄弟犬の名前だ。「俺の犬はよく引っぱるからぜひ買え」と強力に売りこまれて買ったものだが、何度聞いても名前がおぼえられない。仕方がないからもとの持主の「カーウンナ」という名前をつけて呼ぶことにした。ところが怒ったのはカーウンナで、「俺の名前なんかつけやがって、そんなことするならもう売らない」とクレームをつけてきたのだ。それはそうだろう。ムチでたたかれ、罵声を浴びせられる犬に、自分の名前がつけられたんじゃいい気分はしない。しかし私の支払った金は、とうの昔にカーウンナのタバコにばけていたから、「カーウンナ」の名前はいつの間にか公認になってしまった。

犬橇で南へ三千キロの旅に出た二月には、犬の数は十三頭に増えていたが、名前にはいつも頭をなやませた。私は腹をきめ、売ってくれたエスキモーに申し訳ないとは思ったが、売り主の名前で呼ぶことにした。またウパナビックからの帰路では、さらに犬を買い増したが、その犬には買った部落の名前をつけて呼んだ。

犬をわが家の犬つなぎ場に引っぱってくるのがまたひと苦労だった。コルティヤンガの家はとなりだからすぐにつれてこられたが、カーウンナの犬には往生した。新しくつくった胴バンドをつけ、細引きで引いてこようとするのだが、やはり仲間の犬から引き離されるのが不安らしい。二頭は私にさからって、すぐもとの位置にもどってしまう。力は私ひとりでささえきれないほど強い。ゲラゲラ笑って見ていたカーウンナが、見かねたのか手を貸してくれた。手を貸すといっても、いっしょに引いてくれるわけではない。板きれを持ち出して、仲間の犬の間に逃げこもうとする二頭の尻を、力いっぱいひっぱたくのだ。板きれで追いたてるという生やさしいものではなく、渾身の力をいれてひっぱたくから、犬は悲鳴をあげて逃げ出す。私は彼があまりひどくなぐるので、骨が折れてしまうのではないかと心配になった。しかしこれは、エスキモーが犬を扱う場合のごく普通のやり方であり、甘い扱い方はかえって人間の命さえもおびやかしかねない、危険なものであるということが後になってよくわかった。

私は一頭を子供に持たせ、一頭を抱きかかえるようにして、私の家の犬つなぎ場までもってきた。長さ六メートルほどある綱に結ばれた四頭の犬は、それぞれ身をよせあうこともなく、綱を放射状にいっぱいにのばして歩きまわっている。新しい環境にいかにも居心地悪そうだ。

ところが私が家のなかにはいって一時間ほどした頃、突然犬同士の大ゲンカがはじまった。ランプを持って外へ出てみると、コンノットとカーウンナ兄弟がもつれあって大ゲンカの真最中である。しかしコンノットはカーウンナ兄弟よりもひとまわり大きい。勝負はすぐについてしまった。一頭は足を噛まれて血を流し、ビッコをひいて悲鳴をあげながら逃げまわっている。もう一頭は耳を噛まれたらしく、これも血を流していた。このケンカで四頭のなかでのコンノットの地位は確立したようだ。カコットも、コンノットが近よってくると、頭を低くして逃げた。これ以後、カーウンナ兄弟はすっかり負け犬の役割を演じるようになり、新しく加わったどの犬にもこっぴどくやられていた。犬橇を引くときでも、この二頭は橇の前から放射状にのびている綱の左右に位置をとり、ほかの犬からできるだけはなれるようにして橇をひいていた。

## 犬はいつも飢餓状態

チューレ地方の犬のエサは、アザラシ、セイウチ、鯨などの生肉である。エスキモーたちの食生活とほとんどかわらない。しかし私が驚いたのは、週に三回しかエサを与えないことであった。だから犬たちの一週間は、エサ有、無、有、無、無、有、無となる。特に獲物の少ない夏などはみじめなもので、三日に一度くらいしか、エサにありつけない。ところが犬も心得たもので、次のエサ日まで、できるだけ身体を消耗しないように、家の前につながれたまま、じっと寝ているだけだ。シオラパルクにはいった当時は、食料確保のために欠くことができない犬に、エサを与えないエスキモーたちを見て、なんと薄情な連中だろうと思ったものだ。ところが犬橇の季節にはいり、実際に犬を走らせてみて、その理由がよくわかった。毎日犬に肉を与えていると、犬はたちまち肥満してしまい、まったく役にたたなくなってしまうのだ。また腹にものをいれたまま走らせると、ゲロを吐き続けるだけで、なんの役にもたたない。エスキモーたちは、犬に飽食させることのムダなことをよく知っている。

犬のエサ日がくると、天井からぶらさげてあった肉の残りを板コンニャクくらいの大きさにきざみ、一頭一頭に投げあたえる。一度にあたえると、弱い犬にいきとどかないからだ。それでも強い犬は弱い犬の首筋に嚙みつき、横取りしようとする。よほど気をつけていないと、強い犬は肥ってさらに大きく強くなり、弱い犬はさらにやせて弱くなる。エスキモー犬が、肉をかまず丸のみにするのも、ノンビリしていると、たちまち横取りされてしまうからである。まさに弱肉強食の世界である。

このひと冬、私の身近にいる唯一の家族はこの犬たちであった。人間と同じように、一頭一頭に名前もあり、個性もある。犬については、犬橇旅行三千キロのところで少しくわしくふれることになるだろう。

## はじめて犬橇に乗る

太陽が水平線から顔を出さなくなると、海にはビッシリと氷が敷きつめられるが、その氷も、アッという間に視界から消えてしまうことがあった。その前兆は、極地に素人の私にもすぐわかる。まずマイナス二十五度もあった気温が十度ほど一気にあがり、生あたたかい風が吹きはじめる。そして女性的ななだらかな稜線を見せている内陸の山のいただきに、笠状の白いガスがかかったかと思うと、突然突風が吹きはじめるのである。すると海からは、子猫の鳴き声のような氷のきしむ「ニャーンニャーン」という音が聞えはじめ、それまではりつめていた氷は、一気に外洋に押し出されて、海は波うちはじめるのだ。ところがこの風がおさまると、海はすぐさまドロリとしたアメ状にもどり、ふたたびもとの氷にかえる。波と氷のくりかえしが少なくなり、氷が本格的に定着して、三センチ、四センチ、五センチとその厚さを増していくのは、十一月にはいってからのことだ。そうなっていよいよ犬橇のシーズンがはじまるのである。

私に犬の扱い方を教えてくれたのは、私と同年輩のカーリだった。彼は毎晩遅くまで私の家に残って、狩りや犬橇の技術を教えてくれた。犬の胴バンドの作り方を教えてくれたのもカーリだ。そのカーリがある日やってきていった。

「きょう、犬橇でアザラシ狩りに出かけるぞ。もしいっしょにいくなら、俺の犬橇にのせてやってもいい。犬橇のうごかし方を教えてやるよ」

これまで海は氷になったり水にもどったりをくりかえしていたから、エスキモーたちは船も犬橇も出すことができず、満足にアザラシを手にいれることができなかった。彼等の現金収入の大部分はアザラシの皮をＫＧＨに売ることで得ていたから、この時期になると、どこの家でも家計は苦しい。せいぜい夏場にとったセイウチの牙やアゴの骨で、トゥピラック（人間の形をした像）をつくったり、きれいな皮のムチをつくって売ったりするくらいのものだ。コルティヤンガは私のところに金を借りにきたし、カーウンナが強力に犬を売りこんできたのもそのためであった。なかでも彼等が一番ヤキモキしたのは、酒を買いにいくことができないことだった。十一月分の酒を買える日はとっくに過ぎているのに、船も犬橇も出せなくては処置なしだ。彼等は氷が定着するのを首を長くして待っていた。

しかしいよいよその日がきたらしい。カーリの声もはずんでいる。

だが私には、新鮮な食料が手にはいる喜びよりも、はじめて犬橇に乗れることのほうがうれしかった。これまでは話だけだったエスキモーの犬橇技術を、実際にこの目で見ることができるのだ。シオラパルクでの第一目的が、犬橇技術の習得にあっただけに、私は喜んでカーリの犬橇に乗りこむことにした。

カーリは十三頭の犬を放射状に橇につないだ。犬は出発を前にして気が勇んでいるのか、あるいはまもなく襲ってくるムチを恐れているのか興奮ぎみだ。カーリは橇のまんなかに腰をおろし、右手のムチを空中でパチンと大きく鳴らしてから「ヤー」と声をかけた。身体にガクンと衝撃がきて、橇は氷のうえを走りはじめる。カーリが特に複雑な操作をしているわけでもないのに、橇はリーダー犬を先頭に、まるでカーリの言葉ひとつで自由に動くロボットのように走っている。私はいくら練習してもうまくならないムチに少々くさっていたときだっただけに、あんがい簡単な犬さばきを見てひと安心だった。この程度のことなら、基本となる犬橇用語さえおぼえてしまえば、私にもなんとかなりそうだ。

しかしこれは甘い考えだった。私の最初の犬橇旅行のとき、犬はさっぱりいうことを聞いてくれず、見物にあつまったエスキモーたちが腹をかかえて大笑いすることになるのだが、そのことは後で述べよう。

**犬橇用語**

ここで犬橇用語をひととおり説明しておこう。

ヤーヤー（行け）
ハクハク（左へまわれ）
アッチョアッチョ（右へまわれ）
アイアイ（止まれ）
コッホア（早く走れ）
ナノッホア（獲物がいるぞ、早く走れ）
アイ（ゆっくり走れ）
ウォレッチ（騒ぐな、静かにしろ）
スースースー（集まれ＝小さく口笛を吹くように発音する）

ない）

アガッチアガッチ（こっちにこい）

レーレレレ（アザラシをさがせ＝アザラシのいそうなところへやってきて、レーレレレと声をかけると、犬はスピードをおとし、いっせいに鼻を低くピクピク動かしはじめる。そして顔をあげた方向が獲物のいる方向だ。何度か狩りをともにしたが、まずはずれたことがない）

部落を出てから三十キロも進んだであろうか、カーリが犬に「レ、レレレ、レレ」と舌を鳴らすような声をかけると、いままで全力で走っていた犬は急にスピードをおとし、ノンビリと周囲を見まわしはじめた。それまで一直線に走っていた橇は、あっちに曲ったり、こっちに曲ったり——アザラシの臭いを求めているのだ。そのうち犬は橇を引くのをピタリとやめ、耳をピクリと立てて、鼻を同じ方向に向けて動かしはじめた。

「ヤー、ヤー、ナオミ、犬がアザラシを見つけたんだ。ヤーヤー」

カーリの声に犬はふたたびフルスピードで走りはじめた。時速三十キロは出ているだろう。顔にあたる空気が痛いくらいつめたく、正面を向いていることができないほどだ。私はカーリのかげにかくれ、その肩口から前方をのぞいた。ところがエスキモーの家の数倍はあろうという氷山に、目指すアザラシがいるはずなのだが、そのまわりにはキツネの足跡があるばかりでアザラシの姿はない。しかし犬が見つけたのはアザラシではなく、テニスボールほどの大きさのアッド（アザラシの呼吸孔《こきゆうこう》）であった。アザラシは哺乳類である。餌《えさ》を海のなかに求めてはいても肺呼吸だから、時間がくると海表に鼻をつき出し、呼吸しなければ窒息して死んでしまう。ところが氷がはってしまうとそれができなくなるから、アザラシは呼吸用の穴をいくつか確保しなければならない。カーリの犬が見つけたのはこの穴だったのだ。カーリは穴を確認すると私を犬橇にのせ、小声で「ヤー」と合図を送った。すると犬はカーリを穴のそばに残したまま遠ざかり、私が何の合図もしないのに、百メートルばかりゆくとピタリととまった。そして耳をピンとそばだててカーリの動きを見守っている。

カーリはコリッタの毛をむしって宙に放りなげ、風向きを調べると、風下に二メートルほど離れて銃をかまえた。アザラシが泳ぎよってくる音を聞くためだろう、トナカイのフードは脱いでいる。私もフードをとってじっと耳をすませたが、耳がジンジン音をたてるような寒さにがまんができず、一分とたたないうちにまたフードをかぶってしまった。カーリはしんぼう強く、三分、四分と待っていたが、突然銃をとりなおすと、穴めがけて発射した。

「ダーン」という発射音と同時に、犬はいっせいに穴めがけて走り出し、油断していた私は犬橇のうえにひっくりかえった。カーリは撃つと同時に銃をほうり出し、大きなカギ針のついた棒を穴のなかにつっこんでかきまわしている。死んだアザラシが、海のなかに沈んでしまわないうちに、これでひっかけあげようというのだ。あがってきたアザラシは一メートルほどのヒゲアザラシで、そう大きなものではなかった。それでもカーリは半月ぶりの収穫にすっかりご満悦で、私に犬橇技術を教えることなどすっかり忘れてしまったらしい。解体もせず、そのまま橇につみこんで、意気ようようと部落に引きあげたのだった。

このアザラシ狩りでカーリは銃を使ったが、もうひとつ、エスキモーの冬の代表的な狩猟方法に網を使ったアザラシ狩りがあった。しかけはこうである。（115ページ説明図参照）

まず呼吸孔の横に、鉄棒で二メートルほどの間隔をおいて三つの穴を一列にあける。次に真中の穴から縦一メートル、横四メートルほどの大きさの網をいれ、両端につけたひもを、左右の穴からふたたび氷のうえにひっぱり出す。ネットの下には石のおもりが五つばかりつけられているから、網は氷をはさんで海中にぶらさげられた格好になる。このとき網は氷の下部から少し離してさげなければならない。たったいまあけた穴に、たちまちうっすら氷がはりはじめる寒さだから、網を氷の下につけたままにしておくと、凍りついて離れなくなるのだ。しかけはこれだけ、単純な作業である。

しかし十二月も終わり頃になると、海氷の厚さは一メートルをこえるし、気温もマイナス四十度までさがる。そうなると先の尖った鉄棒でコツコツと穴を掘る作業も、トナカイの毛皮でつつまれた身体が汗びっしょりになるほどの重労働だ。あとは翌日、この網をひきあげるだけである。アザラシがかかっているときは、網をつるしてあるひもを二、三回、釣糸の要領であげさげしてみると、ズッシリした手ごたえがあるからすぐわかる。あとは中央の穴を直径一メートルほどにひろげ、網にからまって死んでいるアザラシをひきあげるだけだ。アザラシは攻撃的な動物ではないが、それでもいったん暴れはじめると、カヤックなど簡単にひっくりかえしてしまう。

私ははじめ、網でアザラシをすくいあげる方法だとばかり思っていたので、彼等が網を持ち出したとき首をかしげたものだが、それは呼吸孔にあつまるアザラシを網にからませ、窒息死させる猟法だったのである。

この猟法で腕の上手下手はなさそうに思えるが、そうでもなかった。毎日網にかける者もいるし、一週間に一頭もとれない者もいる。一網に二頭かける者もいる。よく見ていると、この腕の差は、どういう地形のところに網をおろすか、その場所の選定のいかんにかかっているらしい。さらにその近くを走っている氷の亀裂の状態、付近のアッド(穴)の様子なども重要なポイントになっているようだ。

それにしても海のなかではサメに追われ、海のうえでは白熊、キツネ、人間に狙われる。アザラシはなんと肩身のせまい生き方をしているのだろう。網にからまって死んでている、愛嬌のある顔を見ていると、なんとなくアザラシが可哀想になってくる。しかし一方では、しばらくぶりで口にできる新鮮なチグ(肝臓)を思いうかべて生ツバを押えることができないのだから、人間というのはなんと勝手なものかと思う。

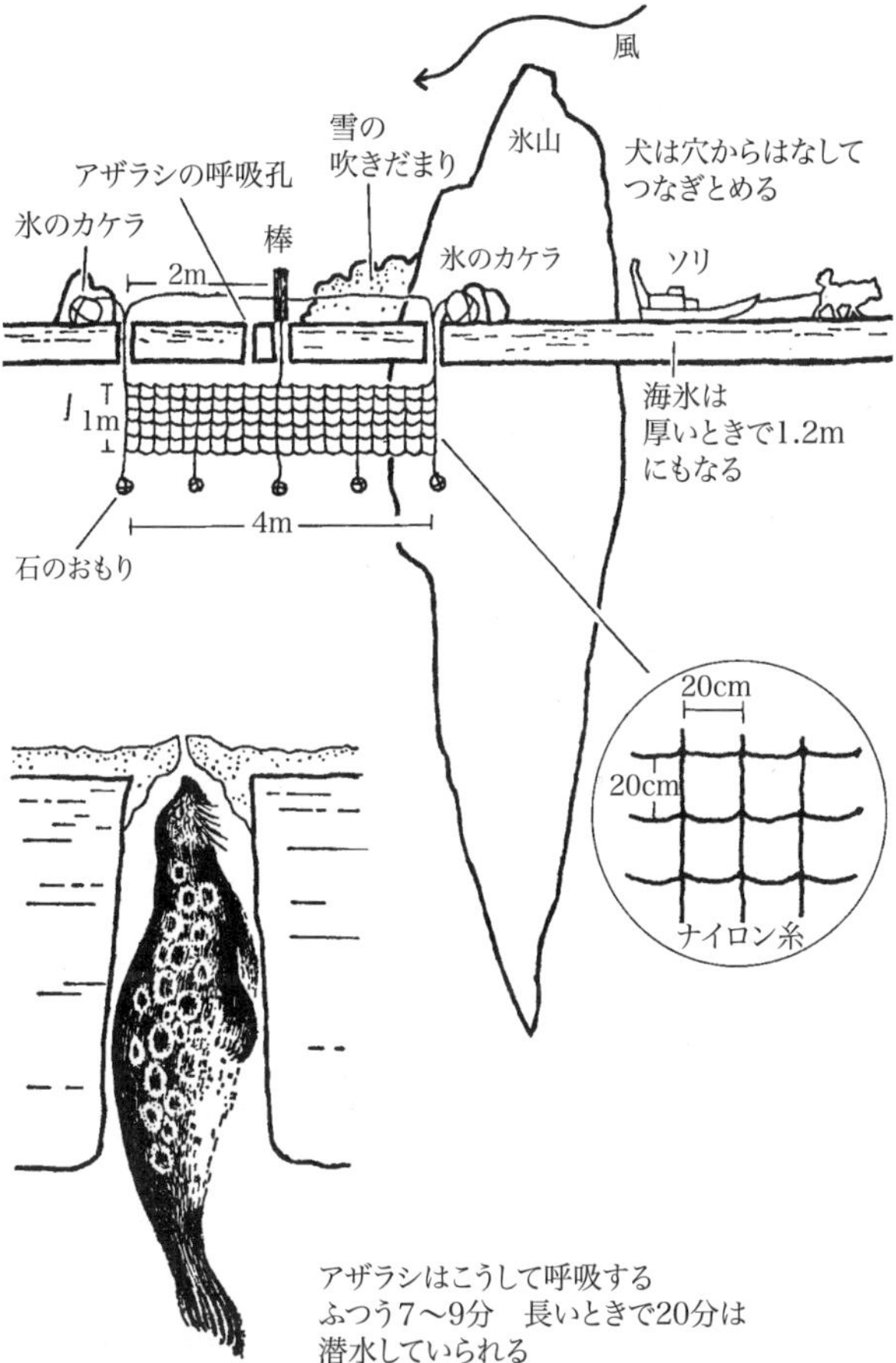


アザラシはこうして呼吸する
ふつう7〜9分　長いときで20分は
潜水していられる

# 私の犬橇訓練計画

章扉の写真
エスキモー犬は、腹をすかすと仲間の糞も食いあった

## カナックへの初旅行

私は念願の犬橇旅行の決行日を十一月十四日にきめた。自分の橇を自分の犬にはじめてひかせるのだ。目的地はカナック、行程は七十五キロ、はじめての犬橇旅行には手ごろの距離である。海氷の厚さもすでに十センチをこえ、外洋も犬橇で走れるようになっていた。三日まえ、シオラパルクの人々は半数以上がカナックへ出発していって、部落には老人と子供、それに長距離用犬橇の修理が間にあわなかった連中しか残っていなかった。

出発を明日にひかえ、不安が次から次へとわいてくる。途中で橇がこわれたら、天候が荒れて動きがとれなくなったら、暗い闇夜に突然氷が割れ、海中に放り出されたら……不安と期待が交叉して、とても寝る気にはなれない。おまけに出発準備が一段落した夜中の三時頃、熱いコーヒーを飲んだのでなおさらだ。

そこで私はここしばらく忘れていたオシャレ（？）で時間をつぶすことにした。目的地のカナックは人口四百人、このチューレ地区最大の村である。若い娘もたくさんいるだろう。血がこびりつき、二カ月以上も洗濯していないシャツを着た垢《あか》だらけの顔では、まずいではないか。久しぶりで顔を洗ったついでに歯もみがくと、歯ぐきからは血が出て、ハッカをかんだあとのように気持がよかった。

結局私は一睡もせず出発の朝をむかえた。朝九時とはいってもまだ真暗で、時計だけが知らせる朝の九時である。まず橇の後部に炊事用具、ナタ、ノコギリなどをつめた木箱をおく。ナタ、ノコギリは万が一、橇がこわれたときのためだ。ナベ、石油のポリタンク、食料として砂糖一キロ、カンパン二十枚、茶、それに三十キロほどのセイウチの凍肉二個。海水にはまったときのことも考えてセーター、手袋、靴下、羽毛服などを、す早く着替えできるようなところにつみこむ。セイウチの凍肉を橇のまえにおき、トナカイの毛皮でおおってライフルといっしょに固定すると出発準備は完了した。荷の重さは全部で二百キロ近くになるだろうか。

この旅行にはカーウンナの息子ミツが同行することになっていた。しかし約束した出発時間の十時を過ぎても、ミツは姿を見せない。こちらは徹夜までして出発準備をしたのにと、腹がたってきた。しかし考えてみれば訓練という意味ではひとりのほうがいい。南極では自分ひとりのほかには誰もいないのだから。私はミツを待たずに出発することにした。

私はトナカイの上着に白熊のズボン、アザラシの長靴といういでたちで、五頭の犬を扇状につないだ犬橇にまたがり、大声で「ヤー」と出発の合図を犬たちに送った。ところがどうしたことか、犬たちはいっこうに走り出そうとしない。いつもなら、イヌートソアやカーリの号令ひとつで、右にも左にも忠実に動く犬たちが、いまは私の「ヤー、ヤー」という懸命な合図にもそしらぬ顔である。主人がかわったので抵抗しているのだろうか、それとも私をナメてるのだろうか。

コルティヤンガの奥さんのレピッカとイミーナが、窓からのぞいている。子供たちもお手なみ拝見とばかり勢ぞろいしているから、ここでとりみだしては面目丸つぶれだ。私は腹の虫をぐっと押えつけ、表面はできるだけにこやかに、そして余裕ありげにもう一度「ヤーヤー」と合図をおくった。それでもやっぱり犬たちには馬の耳に念仏でそ知らぬ顔だ。私はムチを使うことにした。ところが日頃の腕が本番で急にうまくなるはずがない。例によってムチは犬に命中せず、私の顔をめがけて音をたててとんでくる。パチン。私の目から火花がとぶ。猛烈に痛い。子供たちの間からワッと笑い声があがった。レピッカやイミーナが笑っているのも窓ごしに見える。私はうろたえてしまった。とりあえず橇を押して動かそうとしても、二百キロ近い荷をつんでいる橇はビクともしない。

私はムチをあきらめ、今度はムチの握りの部分で、犬の尻を一頭一頭たたきはじめた。ところがそれでも犬はキャンキャンと悲鳴をあげるだけで、前に進もうとはしない。それどころか橇の周りをバラバラにかけまわるから曳綱《ひきづな》がからまり、処置なしである。一体こんなことで七十五キロもはなれたカナックへたどりつくことができるのだろうか。それも真暗闇の海氷のうえをただひとりで……。しかしいまさら中止することはできない。私は泣きたくなってきた。イミーナの孫娘のリッキーナは、そんな私を見て可哀想になったのだろう。そばにかけ寄ってくると、一頭一頭にムチをあてはじめた。あっという間に出発準備はととのう。そしてリッキーナが犬の前を先導しながら一声、「ヤー」と叫ぶと、五頭の犬はいっせいに走り出した。私はあわてて橇にとび乗った。エスキモーの「ヤー」と、私の「ヤー」とはどうちがうのだろう。でもまあいい、とにかく出発できたのだから。

橇は青々とした海氷のうえをバリバリと音をたてて走っていた。いつもはこたえる寒風も、いまは頬に心地よい。ついさっき子供たちに笑われたことなどすっかり忘れ、いつの間にか「勝ってくるぞと勇ましく……」と鼻歌も出てきてごきげんである。ロールスロイスなんてくそくらえだ。

ところが最高の気分で走っていられたのもわずかの間であった。シオラパルクから十キロほどはなれ、前にイヌートソアとアザラシ狩りにでた氷山のあたりまできたとき、突然犬たちは大きく円を描き、もときた道を一目散にかけもどりはじめたのだ。リッキーナの助けで、かろうじて出発できたくらいだから、犬に命令して方向転換させることなど思いもよらない。はじめは、「コラ反対だ、反対だ」とか「そっちじゃない」とか、わけのわからないことを叫びながらムチをふりまわして騒いでいた私も、しまいにはすっかりあきらめ、犬橇の上にすわりこんで、だんだん近くなるシオラパルクの部落をボンヤリとながめているだけであった。

出発してから数十分後、カナックへ向っているはずの私を見つけて、部落中は腹をかかえて大笑いだった。犬は見知らぬ主人と長旅に出るのがいやだったのだろうか。いずれにしても、犬橇が自由にならなければ、カナックへ行くことはできない。私はとりあえず今日の計画をあきらめ、しばらくは重点的に犬橇の練習をしなければと考えていた。


その日のおひる頃、家の前でボンヤリしていると私を呼ぶ声が聞える。犬橇を走らせて近づいてきたのは、今朝いっしょにカナックへ出発するはずだったミツだ。

「ナオミ、これからカナックへいくぞ。早く仕度しろよ」

今朝すっぽかしたくせに、仕度もなにもないものだ。しかしミツに誘われても、いうとおりに動いてくれない犬ではどうにもならない。

「いや、俺の犬はカナック行きをきらっているらしい、今日はやめにするよ」

「俺の後についてくれば大丈夫さ。ナオミ行こうぜ。カナックには酒もあるし、女もいっぱいいる。カナックの娘はママットだぞ。それに今日は雲もないし風もない。早く用意しろよ」

私は気持がゆらぎはじめた。私ひとりの旅行では、どうしても地図や磁石に頼らなければならない。しかし、ミツにとっては、幼ないときから通いなれた道だ。太陽が出ていなくても、星を頼りにすれば、自分の家の庭を走るようなものだろう。ひとりで地図や磁石を頼りに走ったほうが訓練にはいいだろうが、私には初めての犬橇旅行だ。まず安全第一を考えたほうがいい。私は行くことにきめた。

二度目の出発は、はじめほどの苦労はしなくて済んだ。私の犬はミツの犬についてゆこうと、ムチをふるわなくても、必死になって走りはじめたからだ。もっともムチをふったとしても、犬はまったく私を無視しているのだから、何の役にもたたなかっただろうけど。幅二十キロ近くあるフィヨルドを横切って、岬の先端に出た。この九月、シオラパルクにはいるために焼玉船できた海は、一面大氷原とかわっていた。遠く西の地平線にはハーバート島も顔をのぞかせている。

私はミツの犬橇に遅れまいと、懸命に犬を走らせた。ミツの橇は私の橇よりも一メートルほど短いが、犬の数は十三頭とずっと多い。私の橇はどうしても遅れがちになる。間があくたびに私は「コッホア、コッホア」（早く走れ）とさけび、ムダとは知りながらもムチをふるった。空には星がまたたき、五十メートルも離れるとミツの顔がはっきりしないほど暗い。ミツは遅れがちな私を何度も橇をとめて待っていてくれた。

カギャ岬をまわりこみ、イツダソア・フィヨルドの横断にさしかかったころ、ランプをつけて走ってくる犬橇にバッタリ出会った。三日前、ひと足先にカナックへ出発していたカークである。カークは五頭の犬でミツの後を追う私を見て、

「五頭の犬じゃあ、カナックに行くのは大変だぞ」

と心配そうにいう。カナックへの道のりはまだ半分くらいしか消化していない。私は地図を氷のうえにひろげ、途中のコースと氷の状態をたずねた。ところがカークは、地図などてんから信用していないのか、チラリと目をやっただけで、

「このフィヨルドをわたったところに、氷の割れ目があるから注意しろ、あとは浜に近づかないように、海氷のうえをまっすぐ走らせていけばいい。気をつけてな」

私はそのときふと考えた。カークは犬を十四頭もっている。おまけにシオラパルクまでもうわずかだ。

「オーイ、カーク、ちょっと待ってくれ。私に犬を二頭ばかり貸してくれないか」

「だめだ、だめだ」

「じゃあ、一頭百クローネでどうだい」

「二頭はだめだが、一頭なら売ってもいい」

カークにしても、カナックでスッカラカンになってきたところだろうから、悪い商売ではなかったはずだ。フィヨルドの大氷原の上で、私は彼に百クローネわたし、胴バンドつきの犬を一頭手にいれた。カークのカンテラが、私の視界からあっという間に消える。私もすぐミツに追いつかねばならない。ミツは橇の後につんでいた木箱をおろし、お茶をわかして待っていてくれた。犬たちはどこが頭やら尾やらわからないように、まるくなって氷のうえにうずくまっている。ミツはかなり長く待ったとみえ、寒そうに身体をふるわせていた。

「どうしたんだ。ナオミ。遅かったじゃないか」

「すまんすまん、カークから犬を一頭ゆずってもらっていたんだ」

あたりは近くの氷山がそれとわかるだけで、少し先はもう真暗闇のなかに沈んでなにも見えない。ボンヤリと見える稜線も、フィヨルドの対岸なのか、氷山なのか、見分けがつかないほどだ。空は一面の星である。天の川もひとつひとつの星がハッキリ見え、天頂には北極星がひときわあざやかにかがやいていた。

シオラパルクを出てから、すでに四時間半ほどたっていた。昨晩一睡もしていない私は、できるならここにテントをはってねむりたいと思ったが、ミツはあと二十分位で出発するという。ここまできて、ひとり残されるのは不安だったので、私はミツのいれてくれたお茶を急いで飲みこんだ。冷えきった身体に熱いお茶はうまい。熱い液体が喉を通り、胃があたたまって、次第にそれが身体全体にひろがっていくのがよくわかる。ミツは私の橇のセイウチの肉をナイフで切りとって口にほうりこんでいたが、私はこの熱いお茶だけで十分だった。

二十分後、ふたたびミツの先導で出発した。七、八メートル先の自分の犬さえ見分けられない暗さになっていたから、前方にゆれうごくミツのカンテラのあかりだけが頼みの綱だ。しかし私の橇は、イツダソア・フィヨルドの乱氷群につっこんでから目立ってスピードがにぶってきた。海氷は風の影響で波状の山をつくっている。うまくコースをとって走ればいいのだが、私の犬は障害物があろうとなかろうと関係なくミツの犬を追うだけだから、どうしても乱氷群にひっかかってしまう。橇の曳綱がブロックにひっかかる。橇がとまる。犬が強くひけばひくほど、曳綱は深く氷にくいこむ。そのときには橇をいちどバックさせ、曳綱を抜いてやらなければならない。時速もせいぜい五キロほどで、前をゆくミツのカンテラは、私の視界からいつの間にか消えてしまっていた。

私はシオラパルクとカナックの中間にあたるイツダソア・フィヨルドに、たったひとりとり残されてしまったのである。

とり残された——そう思ったとき、私の頭には一九七一年の、エベレスト国際登山隊でおこった苦い思い出がよみがえってきた。この隊にはアメリカのノーマン・ディーレンファース隊長以下、十三カ国から三十三名の隊員が参加していた。日本から参加した伊藤礼造君と私は、英国人やアメリカ人とともに南壁ルートを、オーストリア、フランス、インド、スイス、ノルウェーの隊員たちは、西稜《せいりょう》ルートの工作にあたっていた。

四月なかばのことである。ウエスタン・クームにある、高度六千四百メートルの第二キャンプから、さらに前進して第三キャンプを建設するため、インド人隊員バフグナとオーストリア人隊員ウォルフガングはザイルを結びあい、ルート工作にあたっていた。ところが急激に天候が悪化したため、二人はルート工作を断念し、仲間の待つ第二キャンプにもどりはじめたのだが、天候は悪くなる一方である。ウォルフガングはバフグナよりもいくぶん元気であったためか、先におりはじめたが、それでも手足はチクチク痛む。あきらかに凍傷の前兆である。このときなぜかザイルは結ばれていず、先を急ぐウォルフガングとバフグナの間は開くばかりであった。

ところがウォルフガングがひとりで第二キャンプにもどった頃、バフグナはまだ青氷の急斜面で悪戦苦闘していた。荒れ狂う吹雪のなかで、ありったけの声をしぼって先にくだったウォルフガングを呼び、助けを求めていたのである。その声は数キロはなれたウエスタン・クームの第二キャンプに届いた。しかし私たちの救援は間に合わなかった。救援隊が現場についたとき、バフグナは手も顔もすっかり凍傷にやられ、うつ手もなくとうとう息をひきとってしまったのだ。

バフグナは一九六五年のインド・エベレスト隊の隊員であった。そのころ私は明治大学のゴジュンバ・カン峰の遠征隊員であり、入山のキャラバンもともにしたし、ゴジュンバ・カン登頂後は、エベレストに彼を訪ねたりもしていた。エベレスト国際隊のなかでも、同じアジア人というせいもあって一番親しくしていた友人だった。氷のうえの行動ではザイルを結びあうのが鉄則である。私にはバフグナとウォルフガングが、なぜザイルを結び合わずに行動したのか理解できない。悪天候で身の危険があるならなおさらのこと、ザイルで身を結び、協力しあって行動しなければならなかったのではないか。

私はいまでもそう思っている。

極地での犬橇経験のない私をおきざりにして行ってしまったミツ——私はバフグナの死を思い出さずにはいられなかった。しかし思い返してみると、今朝ミツが同行しないとみてひとり旅を決意し、一度はシオラパルクを出たではないか。そのためにあらゆる事態を想定し、準備もしているではないか。それがミツに同行できるとなると、地図も、星の位置も、氷の状態もよく確かめることなく、ただミツのカンテラを追っていたのがまちがいだったのだ。私はミツに甘えていた。彼を雇って報酬を払っているわけではない。それでもミツはこれまで何度も橇をとめ、私を待っていてくれたではないか。感謝こそすれ、恨む理由などなにもないのだ。

私は気を落ちつけるために犬をとめ、石油コンロに火をつけてお茶をわかした。そしてもつれた曳綱をほぐし、乱氷のうえの滑走でゆるんだ橇のひもを締めなおした。地図をとり出し、現在位置を調べる。フィヨルドをかこむ地形の稜線で判断しなければならないのだが、その稜線はまったく見えない。またたいている星がとぎれている線をむすんで、稜線を推測するのだから、困難な作業であった。小休止したのち何度もムチのシッペ返しを顔にくいながら、フィヨルドの先に出ると、私の目にカンテラの灯がとびこんできた。いくら強がってみても、やはりひとり旅は不安だ。ミツが待っていてくれたのかとホッとして近づいてみると、その灯はカナックからアザラシ狩りにきているエスキモーのカンテラであった。私はガッカリした。しかしその反面、私のとったカナックへのルートがまちがっていなかったことがうれしく、自信がわいてくるのだった。この経験は南極でもきっと役立つにちがいない。二つのフィヨルドをこえると、カナックはもう目の前だった。乱氷のうえにのりあげても、目の前にカナックのあかりが見えているので、迷うおそれはない。それでもひっかかった曳綱をほどいたり、走らなくなった犬の尻をムチの柄で追いたてたりするので、身体はもうくたくただ。

何よりもつらいのは、ムチが犬の曳綱にからまってしまうことである。犬を走らせたままムチをほどかなければならないのだが、毛糸とアザラシの二重手袋をはめたままでは細かい手仕事はとてもできない。ところが素手でいると一分とたたぬうちに手先がこごえて、自由がきかなくなる。そんなとき私は、まず手袋をおとさないように尻の下に敷き、こごえきった素手を白熊のズボンの下につっこんで、睾丸《こうがん》をしっかり握ることにした。まるで股に氷のかたまりでもつっこまれたようで、睾丸はスルスルと縮みあがる。まるで体温が睾丸から全部逃げていくようだ。それでも五分ばかりじっと握っていると、あるていど指先の感覚がもどってくる。私は途中これを何度もくりかえした。

カナックが近づいてくると、犬は犬橇の跡を見つけ、それを追って走り出したからスピードはグンとあがった。カナックについたのは夜中の二時すぎである。シオラパルクを出てから、なんと十四時間もかかったことになる。エスキモーたちは八時間で行くから、倍近い時間がかかった計算だ。それでも私にとっては犬橇による初旅である。疲れてはいたが、無事カナックへつけた喜びは大きかった。

夜中のカナックの村に人影はない。私は村のはずれの海氷のうえにテントをはり、この十四時間というもの、なにも食べずに頑張ってくれた犬たち一頭一頭に、セイウチの肉を割って食べさせた。私はまったく疲れはて、セイウチの凍肉に手をつけることもできず、お茶一杯とビスケットを二枚かじっただけで、すぐに寝いってしまった。

## 犬に尻を狙われる

翌日、私はテントの外のガヤガヤという人声で目がさめた。毛皮を着たままシュラフにもぐりこんでいたのだが、身体は硬直したように冷たくなっている。石油コンロで身体をあたためてから、テントの入口のひもをほどき、吹きながしをあける。冷たい外気がさっと流れこみ、テントのなかは湯気のようなガスが充満してなにも見えなくなる。泳ぐようにして入口から顔を出すと、エスキモーたちがガヤガヤとしゃべりながらテントをとりかこんでいた。

「ハイナフナイ」（ごきげんいかが）

私には見知らぬエスキモーたちであったが、シオラパルクと同じように、ニコニコ笑いながら親しげに挨拶してくる。

「どこからきたんだい」

「シオラパルクから、きのうの夜遅くやってきた」

「テントは寒いだろ、俺のうちにこないか、あったかいぞ」

綿のヤッケを着て、白熊のズボンに両手をつっこんだ老人が声をかけてくれた。一晩寝ても、きのうの疲れはまだとれていず、背筋はこったようで痛い。私は喜んで老人の招待をうけることにした。やはりテントとちがって、家のなかは別天地のようなあたたかさである。冷たさで硬直したような頬は、シモヤケにでもかかったのだろうか、妙にかゆい。私は毛皮を脱ぎ、はじめて老人に挨拶した。

「グッダー（はじめまして）、私はナオミ・ウエムラ」

「わしはアナウッカ」

アナウッカは私の手をかたく握りしめると、例によって、なんの挨拶もなくぞろぞろとはいってくる村人たちを紹介してくれる。

「これがペアリー、イットッコ、それからこの娘がマリア・ヤクビーナ……」

アナウッカは五十をすぎてはいるが独り者だ。わずかに残った横髪を長くのばしてハゲをおおい、せいいっぱいの若づくりをしている。あつまってきた村人たちのなかに娘を見つけると、「ママット、ママット」といいながら、尻をなでまわす。なかなか気が若い。私についての情報は、このカナックにも一部始終が伝えられていた。鯨とりをやったこと、アザラシ狩りに出かけたこと、コケモモとりのピクニックにもいっしょだったこと、イヌートソア夫婦の養子になったこと……。初対面の私に旧知の間柄のような友情を示してくれたのも、そのせいだったのかもしれない。

ところが、村人たちと話しているうちに、困ったことになった。便意を催してきたのである。ここがシオラパルクなら、堂々と人前でバケツのうえにしゃがみこむことができるのだが、初対面の村人たちの前ではやはり抵抗がある。私は気づかれないようにこっそりぬけ出し、人目につかない家の裏にしゃがみこんで、ズボンをおろした。もちろんマイナス三十度という寒さだから、ノンビリと尻を出し、星空をながめながら野糞を楽しむなどという風情はない。ところが私の糞を目がけて、犬がどっとあつまってきたのには驚いた。こんなことはシオラパルクではなかったことだ。

　カナックには野良犬も多いし、それにアナウッカのように犬をつないでおかない者もいる。アナウッカがいまだに独身でいるのは、さっぱり狩りに出ようとはしない、村きってのなまけ者だったからだ。セイウチのキバやアゴの骨でつくった彫物を売って、かろうじて生活している程度では、結婚しようという女性もあらわれないのだろう。そのアナウッカが十五頭の成犬と、五、六頭の子犬を持っているのだから大変だ。犬たちは自力でエサを求めなければならず、村のなかをいつもウロウロしている。そんな犬たちが、私の糞を食べようと殺到してきたのであった。

　犬たちは一メートルほど離れて私をとりかこみ、興奮状態でケンカをはじめている。一度でも橇をひいたことのある成犬は、人間を非常に恐れている。ムチでたたかれ、棒でなぐられるのがその生活だから、成犬は大好物の糞を目の前にしても、人間にはなかなか近づくことができないのだ。そのスキに一匹の子犬が糞をくわえこみ、一目散に逃げはじめた。成犬はいっせいにそのあとを追っていった。

　私がカナックの人たちの前で、堂々と大便をすることができるようになったのは、半月もたってからのことである。その頃になると、カナックの娘たちも話しながら尻をまくり、小便をするようになって、私との間にはなんのこだわりもなくなっていた。娘たちのなかには、どこの都会でも見られるようなパンタロンやジーパンをはいている者もいる。みな一様に髪を肩の下までのばしており、顔つきもまったく日本人と変らない。そんな彼女たちが私の目の前で尻を丸出しにし、音をたてて小便をするのだから、まことに奇妙な光景である。

私はこれまで四十カ国ばかりの国々を歩きまわってきたが、これほど風俗習慣のちがいを身にしみて感じたことはなかった。「習慣に従う」ということばは、頭の中でこそ理解できても、いざ実行するとなるとなかなかむずかしい。私もはじめは彼等の排泄《はいせつ》習慣になかなかなじめなかった。私は「エスキモーと生活をともにする」という以上、食生活を同じにするだけでなく、同じ排泄行為をとることができるという条件もつけ加えなければならないと思っている。

## カナック周辺のエスキモー部落

チューレ地区最大の村カナックのまわりには、小さな部落が六つほど点在していた。村の前の幅四十キロにおよぶイングレフィールド・フィヨルドの奥にあるのがケケッタ部落、カナックの前に見えるハーバート島にあるのがケケッタスワック部落である（エスキモー語でケケッタとは小さい島、ケケッタスワックとは大きい島という意味である）。

またカナックからフィヨルドをわたり、氷におおわれた高度千メートルほどの山をこえると、シオラパルクと同じ規模のマヌサックという部落がある。カナックからは百四十キロほどはなれており、その南東にはアメリカ軍のチューレ基地があった。そのほかに、このチューレ地区の最南端、メルビル湾のなかにサビシビック部落がある。ここはカナックから、犬橇でも一週間近くかかるほど離れた部落で、百人近いエスキモーが孤立して住んでいた。このサビシビックから、さらに南の部落までは四百五十キロも離れているから、同じエスキモー同士でもほとんど交流がない。

私は犬橇旅行でこのサビシビックをたずね、数日間彼等の世話になったことがあるが、カナックやシオラパルクよりも純粋なエスキモー文化を保っているように思った。このサビシビックについては、あとでくわしく述べるが、まずほかの部落とくらべて一番大きなちがいは、男ひとりにたいして女が二、三人という人口構成である。なかにはワイフは五人目だと豪語する老人もいた。シオラパルクは女性が少なく、狩りの下手な二十八歳のカークなどは、必死になって女房を探しているのだが、ここしばらくは大願も成就しそうにない。シオラパルクとサビシビックとでは、生活環境のうえで、何かちがいがあるのかもしれない。

アメリカ軍のチューレ基地は、北部地域唯一の文明地帯だ。基地には世界最大といわれるマイクロ・ウエーブが三つあり、ひとつはソ連に、ひとつはアラスカに、そしてあとのひとつはアメリカ本土に向って立っている。このチューレ基地が建設されたのは一九五四年のことで、当時このデルタ状の海岸に住んでいたエスキモーたちは、アメリカ軍の手によって部落ごとそっくり、いまのカナックへ移住させられたのだった。だからカナックは前の名前をチューレという。

このアメリカ基地は、ソ連とアメリカがキューバをはさんで危険な状態になったとき、アッという間にふくれあがり、ピークのときには一万二千以上の軍隊が、完全な出動態勢にあったといわれている。しかしいまは荒涼とした氷のなかに、電波塔とアルミ製の建物がポツンと建っているだけで、アメリカ人二、三百人、デンマーク人五、六百人が働いているだけだ。

どういうわけか、エスキモーと基地に働く人間との接触は禁止されている。しかし、そこは酒好きのエスキモーのことだ。基地のなかに大好物のウイスキーがたくさんあることはよく知っている。アメリカ人もアメリカ人で、原始的なエスキモー文化に興味があるらしく、セイウチのキバでつくった彫物などをほしがるから、目を盗んであつまってくるエスキモーとの間には、しばしば物々交換がおこなわれている。

私はこの基地の通過ビザをコペンハーゲンでとっておいたので、シオラパルクから二百五十キロの犬橇旅行に出たとき、基地のなかへはいることができた。アメリカ人は、白熊、アザラシ、トナカイの毛皮で身をつつんだ私を、てっきりエスキモーだと思ったのだろう。仲間と英語で話しはじめた。

「オイ、エスキモーが寄ってきたぜ。はやくウイスキーを一本もってこいよ。こいつはなかなかいいアノラックを着てるじゃないか。エスキモーは酒が好きだから、酒とだったら何でも交換してくれる。早くもってこいよ」

アメリカ人たちは、私にわかるまいと思って英語で話し合っているのだが、こちらには全部つつぬけだ。私は腹をかかえて笑ってしまった。

この基地からわずか三、四十キロのところにはマヌサックの部落があった。ここのエスキモーたちは、基地のゴミ捨て場でこわれた机、椅子、カーキ色の軍服などを拾ってきては使っていた。軍服に白熊のズボン、口にはアメリカタバコという奇妙な格好だ。しかし私は、エスキモーの風格もない、どことなく惨めな乞食という印象しか受けなかった。


さて、十四時間もかかったカナックへの初旅も、復路は十一時間しかかからなかった。地形も、ここの氷や犬橇の知識もほとんどゼロに等しい私にとって、この旅は成功といっていいと思う。

しかし一方いくつかの失敗もあった。私がシオラパルクに無事帰りつき、エスキモーたちに手袋片方、ムチ一本、ロープ一本をなくしたといったとき、彼等は信じられないという表情で笑いころげたものだ。

おまけに私はシオラパルクについてからもムチを一本なくした。橇につんであった荷を家のなかにはこびこんでいる間に、橇にたてかけておいたムチを、コルティヤンガの犬がかっさらっていったのである。アナウッカの家の前で、私の糞にあれだけ群がった犬たちである。アザラシの皮でつくったムチが、どうぞ食べてくださいといわんばかりにほうり出してあったのだから無理はない。エスキモーたちにとっては当り前のことでも、私には事がおこってからでなければわからない。私は笑っているエスキモーたちに腹をたてながらも、一方では極地で当り前のことを、できるだけたくさん身につけなければ、と考えたのだった。

## 犬橇訓練第一期計画完了

私はカナックへの初旅行をもとにして、これからの予定を次のように組みたてた。

**十一月——一月**　月平均千キロの犬橇旅行をおこなう。ただし十一月はもう半分しか残っていないから、五百キロとする。これはシオラパルク——カナック間が往復百五、六十キロだから三往復半やればいい。十二月には千キロ走る。これはシオラパルク——カナック間を七往復して消化する。一月にはルートを変え、狩りを中心にして千キロから千二百キロを消化する。特にシオラパルクから北に向うルートを中心とする。この十一月から一月までは太陽のまったくない暗闇のなかの行動となり、もっとも厳しい訓練となるはずである。

**二月——四月**　本格的な犬橇旅行の期間とする。まずシオラパルクからチューレ地区の南端にあるサビシビックまで、往復千二百キロを走破する。もし可能ならば、サビシビックからさらに南下して、中部グリーンランドのウパナビックまで足をのばす。これはシオラパルクから往復三千キロに相当する。

**四月――六月** グリーンランドからスミス海峡をわたり、カナダへゆく。さらにケネディ海峡を北上し、グリーンランド最北端のモーリス・ジェサップ岬まで、二千キロ近い距離を消化すること。

以上が私のグリーンランドでの犬橇計画である。ひとことでいえば、第一期は天候の最もきびしい時期にあたるから、これを訓練の期間、第二期は犬橇旅行の記録をつくる期間、第三期は最後の仕上げとして、太陽のたかくなった極地の犬橇旅行を楽しむ期間、とでもいうことができるだろうか。

私は第一期の計画を完了させるには、家の居心地をもっと悪くする必要があると考えていた。毛皮を脱いでもあたたかい家のなかでノンビリ寝ていると、つい今日の出発予定を明日に、明日の出発予定をあさってにと、のばしてしまうからだ。十二月のある日、内陸から冷たい風が吹きはじめ、部落が猛烈な地吹雪《じふぶき》に見まわれた日があった。家はいまにも吹きとんでしまうのではないかと思うほどはげしくゆれ、天井のすき間からは霧のような雪が間断なく吹きこんできた。いくらストーブをたいても、部屋のなかはあたたまるどころか、ストーブであたためられた湿気《しつけ》が、すぐ雪の結晶になってしまうほどの寒さだ。私はこのときほど外に出て犬橇を走らせたいと思ったことはなかった。家のなかでジッと寒さに耐えるよりも、外で橇を走らせるほうがずっと気分がいい。それでも寒ければ橇からおりて、犬と並んで走ればすぐポカポカになる。家の居心地がいいというのは、犬橇訓練が目標であるここの生活であまりいいことではない。

とにかくエスキモーたちが、何世紀もかかって身につけてきた技術を、私はわずか半年でものにしようというのである。考えてみればムシのいい話だ。それだけにあらゆるチャンスは利用しなければならない。一九七〇年のエベレスト隊のときもそうであった。偵察隊として出発し、本隊がくるまでの冬の間、私はエベレスト山麓のシェルパの村に住みこみ、越冬していた。もちろん表向きはシェルパやポーターの確保、食料調達などが任務だったが、私にはエベレスト登頂の体力をつけるという個人的な目的もあった。私は本当にエベレストの頂上に登りたかった。しかし三十九人という組織がエベレストの頂上を目指すのである。私個人がいかに登りたいとねがっても、そのメンバーに選ばれるかどうかわからない。しかし、もし……もしそのチャンスが私にまわってきたら、どんなことがあってもそのチャンスは生かしたい。私がシェルパの村で体力づくりにはげんだのは、そのためだった。チャンスはゼロではないのだ。

私は高度四千メートルの山道を、登山靴をはいて毎日六キロ走り続けた。峠のうえに出ると雪をいただいたエベレストの頂上が見える。もし一日でも、私が苦しい、つらいという理由でマラソンをおこたったら、エベレスト登頂はない。チャンスもない。私はそう心にいい聞かせて走り続けた。結局私はエベレストの頂上に立った。このマラソンがなくてもチャンスはきたかもしれないし、登頂もできたかもしれない。しかし私はこの訓練なしに登頂を考えたくはない。

## シオラパルク——カナック間の新記録

十二月にはいり、私の犬橇訓練計画にのっとったシオラパルク——カナックの往復日数は次第に数を増していった。気温はすでにマイナス三十度をこえている。一方エスキモーたちもアザラシ狩りに余念がなく、私は途中で何度も彼等のカンテラの灯とすれちがった。彼等は氷山のかげで真白い息を吐き、鼻を凍らせながら網をはるのに懸命だった。

そんな彼等はすれちがう私を見て、一体どう思ったことだろう。彼等にとって犬橇を走らせるのはアザラシをとるときである。いつも犬橇を走らせているくせに、一頭のアザラシもとらない私に、彼等は首をかしげていた。ただ〝走る〟ということが彼等にはわからないのだ。部落にもどってくるたびに、イミーナはいつも私にこういったものだ。

「ナオミ、そんなにカナックの女がいいんなら、シオラパルクの家につれてきて、いっしょに住めばいいじゃないか。水をつくったり洗濯したりしてくれるから、ナトックばあさんの世話にならなくてもすむぞ」

私にとって何よりもつらかったのは、ナトック母さんに心配をかけっぱなしだったことだ。母さんはいつも、

「ナオミ、エスキモーでも夜の犬橇は危ないんだよ。そんなことをしていると、いつ死んでしまうかもしれない。カナックに用事のあるときは、誰かといっしょに行くようにしなさい」

と真顔で忠告してくれた。しかし彼等に犬橇の訓練ということをいくら説明してもわかってくれないとあっては、どうすることもできなかった。毎日犬橇訓練に明け暮れている私にありがたかったのは子供たちの好意である。リッキーナやニルシーナ等は、カナックからもどってくる私の犬の遠吠えを聞くといつも、氷をとかして水をつくり、家のなかのストーブをたいて待っていてくれた。

回を重ねるごとに犬の数もふえ、ムチの腕も上達し、シオラパルク――カナック間の時間も最初の片道十四時間から、十時間以内で走れるようになってきた。寄せ集めの犬も喧嘩をやらなくなり、主人のかけ声を聞きわけるようになってきた。外洋の大氷原で方向を見失ったこともあったが、そんなときでもまず腰をすえ、お茶をわかすだけの余裕がいつの間にかできていた。回を重ねるごとに犬橇が自分のものになっていく。大氷原のなかで猛烈な吹雪の夜をすごしたこともある。しかし私はそれさえも、極地では当然のこととして受けとめ、新しい体験として歓迎するようになっていた。

十二月十九日、わが家から最後の客が引きあげていったとき、私はふいにこれからカナックへ行こうと思いたった。この日は満月で、氷原はこうこうとかがやき、冷たく冴えわたっている。こんなみごとな月夜にどうして家にとじこもっていられよう。私はテントとシュラフを手早く橇につみこみ、夜中の二時、カナックへ向けて出発した。

月あかりで星はまったく見えず、十キロ、二十キロ先まで見通しのきく氷原を、十頭の犬はひた走りに走る。イツダソア・フィヨルドをわたりきった岬の突端まできたとき、私は橇をとめ、お茶をわかして休憩した。こんないい夜を一気にカナックまで走り抜けるのがもったいなかったからだ。そして犬を休ませている間、私はすぐ横の標高三十メートルほどの氷山を、ピッケルもアイゼンもなしでよじ登った。三十メートルとはいえ、これはまぎれもない初登頂にちがいない。犬たちは身体を横たえながら私の行動を見あげている。頂上に腰をおろし、荒涼とした大氷原を見ていると、過去の思い出が次々と頭のなかに浮んでくる。世界五大陸の山歩き、アマゾンの単独河下り、日本列島徒歩縦断、そして南極横断の夢、田舎の両親……。冒険にかりたてられ、放浪生活を続けることに、いったいどんな意味があるのだろう。これまでの自分の生き方はまちがっていなかっただろうか。私は妙にセンチメンタルになっていた。

カナックについたのは朝の九時、片道八時間で、これまでの記録を大幅にやぶるスピードであった。私は販売所で買物をすませ、二時間ばかり犬を休ませるとすぐシオラパルクへ折り返した。しかし昨夜ほとんど寝ていなかったせいか、私はいつの間にか橇のうえで寝こんでしまったらしい。ハッと気がついたときはすでにシオラパルクに近いフィヨルドの先端まできていた。五時間も橇のうえで寝ていたことになる。幸い犬たちは、毎日のように往復している氷原なので、道に迷うこともなく進んでくれたのだが、凍死の危険を考えて私は冷汗をかいた。

このグリーンランドにはいる前、私は南極のベルグラーノ基地（アルゼンチンの基地で、私の横断計画の到達予定地）に偵察にはいった。南極点にあるアメリカのスコット・アムンゼン基地は、夏でもマイナス三十度前後を記録するという。このマイナス四十度をこえるグリーンランドの冬をこなすことができれば、南極横断の可能性はグンと大きくなるはずだ。私は真冬の犬橇訓練にある充実感を味わっていた。

十二月三十日で計八回のカナック往復を消化し、十二月千キロの目標を達成した。ふりかえってみると、この一年はすべてが南極計画を中心にしてまわっていたように思える。一月から二月にかけては南極の偵察行にはいり、横断の可能性を確認した。その後気候順化と犬橇訓練のためにシオラパルク入り。そしていまのところその二つの計画は順調に進んでいる。最も気候のきびしい一、二月にいくらか不安もあったが、十二月の目標を無事に達成したいま、それを乗り切る自信もついていた。

二月には大旅行をひかえている。その時の食料不足にそなえ、私はアザラシ狩りやオヒョウ釣りの訓練を一月の計画に新しくつけ加えることにした。

# 厳冬のオヒョウ釣り

エスキモーたちは新年をひかえ、厚くはった海氷を懸命に掘ってアザラシ狩りに余念がなかったが、クリスマスの前夜に思わぬボーナスを手にした。彼等は酒が手にはいったときのように、「クローネ、チキッポ。クローネ、チキッポ」(金がきた)と大騒ぎで政府直営の販売所に群がっている。

政府直営販売所(KGH)は、エスキモーからアザラシ、キツネ、ウサギの毛皮、セイウチのキバ、アザラシの皮ひもなどを買いあげていた。しかしなんといっても中心はアザラシである。アザラシの毛皮はKGHによって大中小の三段階にわけられ、それぞれが約四千五百円、三千二百円、二千円の値段でひきとられていた。政府はこれに正確な値段をつけて売り、エスキモーはその差額を受けとることができるわけだ。カーリやコルティヤンガのように、狩りのうまい者は十五万円ほどの臨時収入となる。彼等は毎日狂ったようにKGHにかよい品物を買いまくった。コルティヤンガは孫のターベに化《か》繊《せん》のセーター、末娘のニルシーナには色シャツ、デンマーク製のスリッパなどを買った。奥さんのレピッカはナイロン製ストッキングを手にいれてご機嫌だ。ストッキングの袋にはブロンドの若い娘が、男の前でストッキングをつけた長い脚を持ちあげている写真が印刷されている。シオラパルクでは家のなかでも外でも、ストッキングなどはくチャンスはないのだから、レピッカは案外この写真が気に入ったのかもしれない。

しかし私がいちばん驚いたのは、カナックの販売所まで出かけたカーリである。なんと村人に得意げに披露してみせたのは、日本製の大型テープ・レコーダーだった。ここには電気がきていないので、電池をケースごと買いこみ、フランスの歌手アダモの歌をボリュームいっぱいにあげて聞いている。カーリは歌そのものよりも、ボタンを押すと突然音がとび出してくる奇妙な機械を持っている、という優越感に満足しているようだった。またクリスチャンでもある彼等は、クリスマスをひかえ、部屋のなかを飾る色とりどりの色紙も買いこんだ。天井や壁にベタベタはりつけ、ぶらさげ、せまい部屋のなかは、まるで幼稚園の学芸会場である。彼等はこのようにして一週間とたたない年末までに、ボーナスをすっかり使いはたしてしまった。

一月にはいると海氷の厚さは一メートル以上になり、アザラシ狩りはよほど氷のうすい外洋まで出なければ不可能になる。一月分の酒を買うため、セイウチの彫物つくりに精を出さなければならないのは目に見えているのに、彼等はどうしてボーナスを節約しておかないのだろうか。しかし「一、二月にまったく外に出なくてもすごせるだけのボーナスが出ているのに」と考えるのはわれわれの考えなのだろう。彼等はまだお金というものに出会って半世紀とたっていないのだ。

エスキモーは犬橇を駆ってアザラシを追う生活こそが誇りなのだ。寒さを恐れ、ムチひとつふるえない外国人は軽蔑の対象にしかならない。家族全員が獲物を求めて犬橇旅行に出たとき、子供が「寒いよう」と泣き出したことがあった。それでも父親は「おまえはカットナ（外国人）なのか」といって放りっぱなしにしていた。ムチが下手でも「おまえはカットナなのか」と怒られる。つまり外国人は、金は持っていても、弱く、なにもできないダメな人間という存在なのだ。だから彼等には金は財産でもなんでもなく、一時の欲望を満たしてくれる大人のおもちゃぐらいにしか考えていない。カーリが高い金を出して買ったテープ・レコーダーは、子供たちがいじくりまわし、あっという間に壊してしまったが、それでもカーリは平気であった。

金があれば好きなように使い、なくなれば本来の自分たちの生活にもどる、彼等にとって金とはただそれだけのものなのである。

## エサはタラの切身

一九七三年元旦、シオラパルクのエスキモーたちは、部落の裏の丘のうえに鉄砲をもってあつまった。新しい年があけると同時に祝砲をうつのだ。午前零時、部落中には銃の音がとびかい、対岸の山々からは二重三重にエコーがかえってくる。女や子供たちは花火をたきながら口々に「ウキオッター、ピットアッチ」（新年おめでとう）といいながら握手をかわしあう。それが一段落すると、こんどは新年のパーティだ。パーティといっても特別なものがでるわけではない。いつものお茶と凍肉だけだが、エスキモーたちはお互いの家を訪問しあって楽しそうだ。私も両親の家へ新年の挨拶にいったが、ナトック母さんは私に自分で縫った綿のヤッケを、またカーウンナはセイウチの牙でつくった犬の締具をプレゼントしてくれた。私も両親に好きなタバコ二箱と折りたたみ傘、カーウンナにはマスコットのオルゴールをプレゼントした。

一月三日、いつまでも正月気分にひたっているわけにはいかない。私はかねてから計画していたオヒョウ釣りに出かけることにした。これまでオヒョウ釣りは第二期計画のなかにはいっていなかった。しかし第一期の計画が思いがけず順調に進んだので、私は二月にひかえている三千キロ旅行にそなえ、食料確保の手段をマスターしておこうとつけ加えたのである。

目的地はシオラパルクから百十キロほど離れたカギャッタソア・フィヨルドだ。私は犬橇に釣具、石油コンロ、テント、シュラフなどをつみこみ、クリスマス以来、誰も橇を走らせていないカナックへの道を走り続けた。目的地はカナックから四十キロである。私はアナウッカの家で一泊してから、カシンガ、大島育雄君と合流して目的地へ向う予定をたてていた。大島育雄君は日大の山岳部時代からグリーンランドにとりつかれた二十五歳の冒険野郎で、私がシオラパルクにはいった三カ月後に私のところにきて生活していたのである。

出発の日、私と大島君は準備をすべておえ、カシンガを待っていたが、約束の時間がきてもまったく姿をあらわさない。しびれをきらせた私は、アナウッカの家のすぐ裏にあるカシンガの家をのぞいてすぐにあきらめてしまった。例によって酒である。カシンガと奥さんのバリッカは髪をふり乱してベッドに腰をおろし、のぞきこんだ私をトロンとした目でにらみつけている。ベッドの前の箱のうえには空になったビールびんが数本ころがっており、手にはウイスキーのびんをかかえていた。カナックの販売所は今日からあいたので、さっそくお神酒《みき》ということになったらしい。「ジャパニ、ウイスキー、ママット」といいながらコップをふりあげるものだから、中身が半分以上こぼれおちるが、いっこうにおかまいなしだ。これではとてもきのうの約束など覚えていまい。いや、もし行くといったとしても、こちらから願いさげだ。釣りの要領は彼等の説明だけでは不得要領で、私としてはぜひやり方を実際に見て覚えたかったのだが、仕方がない。酔いがさめるのを待っていたのでは、何日あとになるかわからない。私は大島君と二人でとにかく出発することにした。

目的地までの四十キロは、私にとって初めてのルートである。アナウッカが書いてくれた地図と磁石を頼りに橇を走らせるのだが、氷は潮の満干《まんかん》が激しいせいか、いたるところに割れ目を見せていて、遅々として進まない。激しい乱氷群につっこんで橇は何度も横転し、わずか四、五キロ進むのに二時間以上もかかる始末であった。最後の大岩壁をまわりこみ、目的地についたときはびっしょりかいた汗が凍結して、まったく身体の自由がきかない。しかし私たちはすぐ釣りの用意にかからなければならなかった。犬たちにはシオラパルク出発前夜にセイウチの肉を与えたきりで、今日までまる三日というものエサを与えていなかったからだ。今回は三千キロ旅行で食料がきれた場合という想定のもとに計画した旅行だったので、セイウチの肉はつんでこなかった。いや犬のエサばかりでなく、私たちにしてもそうだ。食料といえば、ビスケット、砂糖、コーヒーしかないのである。私たちはすぐ釣りの用意にとりかかった。

大島君が仕掛けをおろす穴を掘るために鉄棒をふるいはじめる。私は釣りあげたオヒョウを食われないよう、犬を橇から離れたところにつなぎとめた。そして作業が終わったとき、すぐ身体をあたためられるようテントをはり、コンロに火をつけてお湯をわかした。大島君の奮闘にもかかわらず、厚さ一メートルもある氷にはなかなか穴があかない。大島君の額には、したたる汗がたちまち凍ってツララのようにたれさがる。三十分かかってやっと穴があいた。

オヒョウ釣りは、まず綱の先端にこぶし大の石のおもりと、縦四十センチ、横五十センチのトタン板をつける。そしてそこから順に二メートルおきに五十本の釣針をつけ、最後にもうひとつ、石のおもりをぶらさげる。この百メートルほどの仕掛けに五百メートルほどの綱をつけ、穴から海底におろすのだ。

エサは、大島君が穴をあけている間、私がお湯につけてもどしたタラの切身である。

この仕掛けを穴にいれるのにはちょっとした要領があった。それは先端につけたトタン板が、真下におりないようにすることだ。つまりトタン板が海のなかを泳いで、綱をひっぱるようにいれなければならない。もうひとつ大事なことは、仕掛けの先端が海底に着いても、綱をのばし続けることだ。そして二つ目の石のおもりが海底についたとき、つまり百メートルの仕掛け綱が全部海底に横たわったときにはじめて、綱を氷のブロックにつなぎとめる。

あとはただ待つだけである。第一回目の綱あげは三時間後におこなった。最初大島君が綱を肩にかついで穴からゆっくり遠ざかる。計六百メートルの綱はズッシリと重い。大島君が七、八十メートルまで引くと、こんどは私が、穴のそばから綱をとりあげ反対方向に引く。二人はこれを交代しながら何度もくり返した。アザラシの手袋についた海水はすぐに凍りつき、大島君がひいている間に動かしていなければ、すぐ綱をつかんだ形の氷の手袋ができあがってしまう。しかしなにか釣れているかもしれないという期待で、二人はいさんで綱をひいた。

「植村さん、終わりですよ。仕掛けがあがってきました」

大島君の声に、私は穴までとんでもどった。はたしてオヒョウはかかっているだろうか。二人はゆっくり仕掛けをあげはじめた。ナイロン製の釣糸が、次々とカンテラの灯のなかにあがってくる。二本目、三本目……十本目、十一本目……。

「かかってないなあ、ほんとうにオヒョウはいるんだろうな」

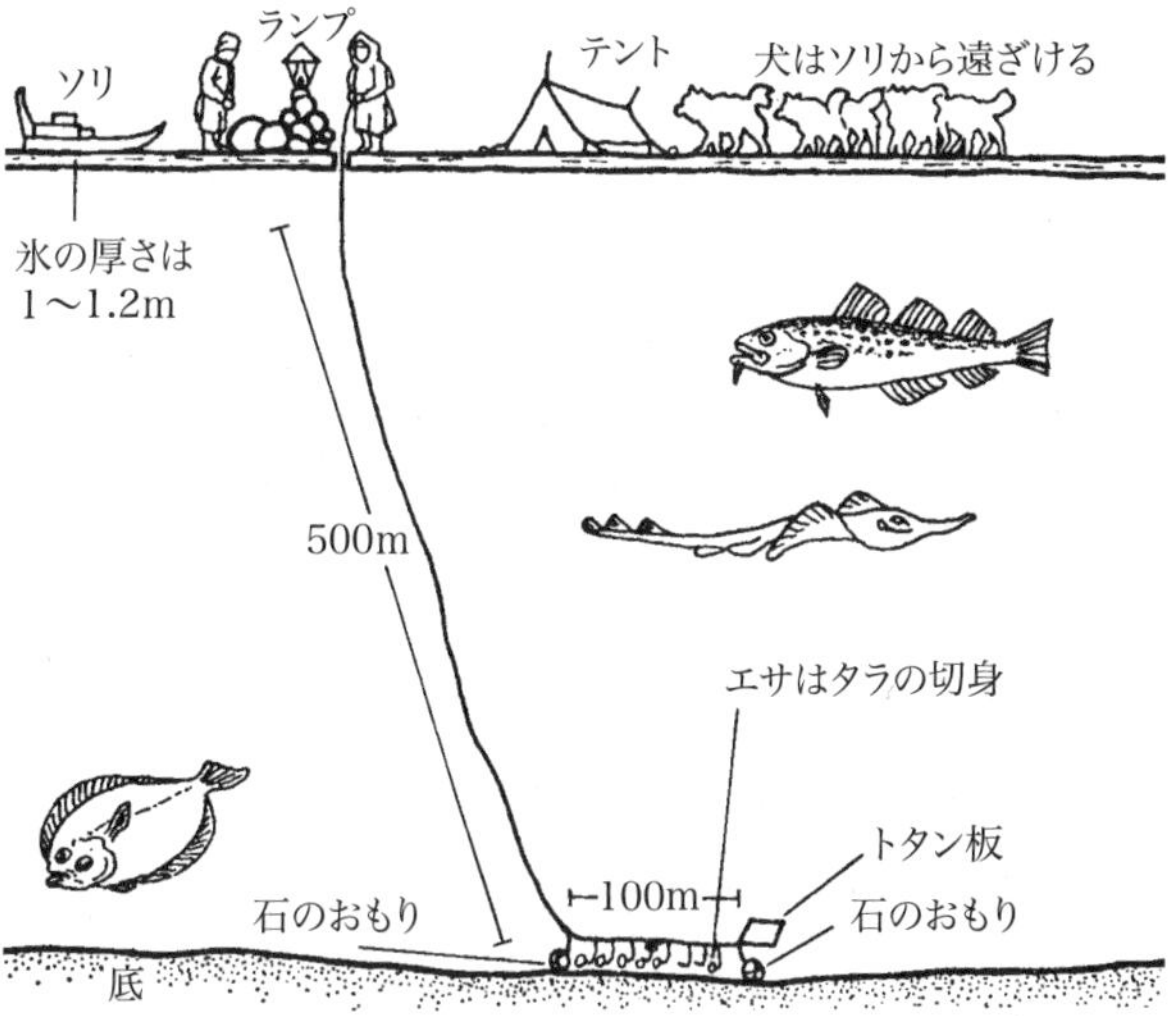


大島君がなさけない声をあげる。

十八本目、十九本目……。エサはいれたときとまったく同じ状態で次々にあがってくる。泥にまみれたエサもあるから、海底にはまちがいなくついているはずなのだが、釣針には魚のくいついた跡さえない。私も少し不安になってきた。氷のはりついた深度三、四百メートルの海底に、はたして魚は住んでいるのだろうか。

ところが大島君と「これじゃ一匹も釣れないかもしれないぞ。エスキモーはオヒョウが釣れるといって俺たちをかついだんじゃないかな」といいあっていると、突然穴のなかから黒い塊《かたま》りがスルスルとあがってきた。「釣れた釣れた」と大島君が大声をあげる。あがってきたのは、全長五十センチばかりの灰黒色をしたオヒョウだった。あわてて氷のうえになげだすと、エラがたちまち凍りつき、オヒョウは二、三回口をパクパクさせたかと思うとすぐ動かなくなってしまった。結局一回目は二尾のオヒョウが釣れただけだった。三時間ねばって二尾というのはいささか不満だったが、それでもまちがいなくオヒョウがいることがわかったのだ。二人は何度も股倉《またぐら》に手をいれ、睾丸を握って手をあたためながら二回目の準備をすすめた。

犬たちは二尾のオヒョウを見て殺気だっていた。しかし十頭の犬に二尾のオヒョウではいかにも少なすぎる。悪いとは思ったが、犬たちにはもう少し釣れてからやることにして、この二尾は二人で全部食べてしまった。大型のカレイに似たオヒョウは、水だきにすると原型をとどめないほどボロボロにくずれる。それでも二人の冷えきった身体を暖めるのには十分であった。

## ピラニア釣りの思い出

アマゾン河をイカダでくだったときも、魚釣りは毎日の日課であった。私は一九六八年の四月から六月にかけ、ペルー・アンデスの裏がわにあたるアマゾンの上流から、大西洋岸のマカパまで、六千キロをひとりイカダでくだったが、副食はほとんど魚であった。私は三メートル×四メートルのイカダのうえにヤシの葉で屋根をふき、そのなかで毎日魚釣りに明け暮れた。エサはバナナの切身や魚の頭を使ったが、オヒョウとは大ちがいで、ナマズや二メートルほどもあるパイチ（アマゾン鯉）、ピラニアなどが面白いように釣れた。それに仕掛けにえらく面倒なオヒョウ釣りにくらべ、アマゾンでは五メートルたらずの釣糸と釣針があればことたりる。上流から中流にかけては特にピラニアがいれぐいだった。ただピラニアは釣り上げてからがなかなかやっかいな魚で、釣針からはずす前に、イカダに叩きつけて完全に殺してしまわなければ危険この上ない。私は一度釣針をはずそうとしたときに人さし指の先を、ナイフでえぐりとるようにかみきられたことがあった。まえにピラニアが牛を喰いつくす記録映画を見たことがあったが、まさかこれほど獰猛《どうもう》だとは思わなかった。以後私は、この鋭い歯を持つピラニアは、一度殺しても念をいれて頭を叩き潰し、それから料理にかかることにした。

ピラニアは釣りあげるとすぐ腹を割って臓物をとり出し、イカダの屋根に放りあげておけば、三時間ほどですぐ干物ができあがる。これをひろってほしておいた流木で煮たきして食べるわけだが、小骨がなく、身がしまっていてじつにうまい。そんなとき、私はいつも生れたままの素裸であった。長時間裸になっていると、アブや蚊《か》に襲われてはれあがってしまうが、それでも衣服で身をつつむにはもったいない太陽であった。食事はバナナとピラニアの干物という粗末なものだったが、これほど豪快な食事というのは、それ以後はお目にかかっていない。

しかし大氷原のオヒョウ釣りは、蚊こそいないものの、凍傷の危険とつねにとなりあわせである。アマゾンのように、ノンビリムードにひたるわけにはいかなかった。結局このオヒョウ釣りは、燃料のきれた三日目でうちきることにした。氷の穴を二回掘り替え、成果は大小あわせて二十三尾である。まったく素人の私と大島君だけだったのだから、まあまあの成果だろう。犬にはたっぷりとはいえなかったが、三頭に一尾ずつの割合で与え、残りは保存食料とした。

最後の夜、南から東にかけての星空に、帯をふったようなオーロラが出た。極点に近いせいなのだろうか、オーロラには色がなく、白い雲がたなびいているようだ。それがサーチライトを浴びているようにゆれ動き、流れていく。私と大島君はいつまでも空を見あげていた。

# カナダ国境での狩猟生活

　冬のシオラパルクで聞く犬の遠吠えはいかにももの哀しい。特に強風が吹きつける日にはフィヨルドの奥から、「ニャーン、ニャーン」という仔猫の鳴くような音が聞え、犬たちはそれにあわせていっせいに遠吠えをはじめた。これは強風で氷の下の海水が波うち、割れた氷同士がきしみあう音で、エスキモーたちは「チミヤット」と呼んでいた。このチミヤットが聞えてくると、犬たちは一頭一頭遠吠えをはじめ、ついには部落中の何百頭という犬がそれに唱和するのだ。その声は風にのって裏山にこだまし、徐々に消えてゆく。私はそれを聞くたびに、なんともいえない、もの哀しい気分になるのだった。

　犬たちはどんなに気温がさがっても、どんな嵐が部落を襲っても、野ざらしでつながれたままである。ただひたすら空腹と寒さに耐えている姿は哀れであった。ある日、裏山の氷帽にキノコ状のガスがかかったかと思うと猛烈な突風が吹きはじめ、部落が地吹雪《ブリザード》にみまわれたことがある。空には星がキラキラかがやいているのだが、低気圧の影響か、内陸から吹き出した冷たい風はこまかい雪をともなって目をあけていることもできない。そのなかで犬たちは背中を風にむけ、鼻を腹と足の間につっこんで、死んだように丸くなって耐えていた。

嵐がやみ、家の戸をあけて出てみると、いつもは私を見あげる犬たちも、今日ばかりは雪に埋って、死んだように動かない。それに三頭ばかり姿も見えなくなっている。曳綱をたどって掘りおこしてみると、三頭は完全に雪の下になり、寒さを防いでいた。家のなかでストーブをたき、あたたかく過していた私は、いささかうしろめたい気持にさせられたものだ。私の犬は全員無事だったが、カークッチャのところでは二頭が凍死してしまった。エスキモー犬でも、寒さで死ぬのだろうか。もし犬橇旅行の途中で、こんな嵐に襲われたらどうしよう。運よく私が生きのびられたとしても、犬を死なせては走ることも、食料のアザラシをとることもできない。チミヤットと犬の遠吠えを聞くたびに、私は死んだ二頭の犬を思い出し、暗い気持になった。

## 家族ぐるみの狩猟遠征

シオラパルクの住民は、正月が終わるころになるとまったく金に困ってくる。クリスマスまえにはいったボーナスはアッというまに使ってしまい、とうの昔にスッカラカンだし、近くのフィヨルドは氷が厚くなり、網によるアザラシ猟も放棄しなければならないからだ。そうなると彼等は、家財道具一式を犬橇につみこみ、獲物を求めて家族ぐるみカナダ国境へ出かける。獲物をとるごとにいちいちシオラパルクにもどるよりは、このほうがずっと手っとり早いというわけだ。シオラパルクから五十キロばかり離れた岬の先端のネッケ、さらにそこから三、四キロ西にあるピトラフィックの共同小屋を根拠地にして生活するのである。半径五、六十キロほどの範囲を走りまわり、彼等はアザラシやウサギやセイウチやキツネをとった。そしてあるていど獲物がたまると、シオラパルクへ使者を出し、ビスケット、砂糖、紅茶、コーヒーなどを買いこむのである。彼等はこんな生活をひと月以上も続けた。私も彼等とともにピトラフィックにうつった。

スミス海峡をはさんだ対岸には、カナダ領エルズミア島の山々が、星あかりににぶく光っていた。ここから六、七十キロカナダ寄りの外洋に出ると、氷は極端にうすくなって、氷のうえからでも海水をすかして見ることができるほどだ。橇を走らせると、氷はみるみるうちに橇を中心に円を描いて割れ目がはいったし、アザラシの呼吸孔で銃をかまえていても、足もとの氷はゆるやかに波うった。

私は第二期計画を完了させるために、エスキモーたちの先頭をきって精力的に走りまわった。また狩りの技術を身につけるため私は何度もアザラシ狩りやウサギ狩りに出た。グリーンランドにはいる許可をとるため、コペンハーゲンに立ちよったとき、グリーンランド省のラセン氏はこう忠告してくれたものだ。

「エスキモーの間で暮すなら、なにか暇つぶしの道具をもっていったほうがいいですよ。冬は半年も続くんだから、そうでもしないとノイローゼになってしまう」

そのため私はコペンハーゲンで、グリーンランドに関する参考書や、まったく経験のないしじゅうの道具などを買いこんでいた。たしかにラセン氏の忠告は、私をおどすためだけのオーバーなものではなかった。北部チューレ地区の行政府カナックの行政官やKGHの人たちは、デンマーク本国から派遣された役人である。行政官のブロッチェ氏は、働けなくて貧しいエスキモーや老人たちをじつによく世話し、保護にあたっていたが、それでも栓をひねればお湯のでる本国の生活を守って暮していた。仕事いがいは家のなかにとじこもり、エスキモーたちと生活の上での交流はほとんどない。そのためか南部グリーンランドでは、毎冬数十名の人たちがノイローゼで本国に送りかえされる、という話も聞いた。しかしラセン氏の忠告は私にまったく無用だった。連日連夜来客に追いまくられ、橇を走らせ、日記をつける暇もない。せっかく買いこんだ本も、ししゅう道具も、最後まで包装紙につつまれたままであった。

結局私は十一月から一月までに、シオラパルク――カナック間を中心に千九百五十キロ、シオラパルク――チューレ基地間三百五十キロ、シオラパルク――カギャッタソア（オヒョウ釣り）間二百五十キロ、シオラパルク――ピトラフィック間（三回）二百五十キロ、ピトラフィックを中心に三百キロ、計三千百キロを走破したのだった。これは主な旅行だけを合計したものだから、実際にはもっと走っていることになるだろう。はじめてグリーンランドに徒手空拳ではいったときには想像もできない成果であった。

# 犬橇単独行3000キロ

章扉の写真

私の犬は多いときは12、3頭までふえたが、シオラパルク――カナック間をせっせと往復していたころは、写真の4、5頭の規模であった

# シオラパルクからチューレまで

## 二月四日

いよいよシオラパルク――ウパナビック間の往復三千キロ犬橇《いぬぞり》旅の出発の日がやってきた。橇はエスキモーの橇を使うことにした。私の橇は滑走面《かっそうめん》のプラスチックがはずれて滑りが悪く、長旅には不安だったので、前から欲しがっていたコルティヤンガと交換したのだ。エスキモーの橇は重量八十キロで私の橇の四倍近くもあったが、滑走面には厚さ二、三ミリの鉄板がはりつけてあり頑丈《がんじょう》そのものだ。長さ三・五メートル、幅一・二メートル、これなら氷や岩場にぶちあてても、氷のないガラ場の山越えにも十分耐える。

橇につんだ荷物のリストは次のとおりである。

セイウチの肉塊五個百五十キロ。カンパン、砂糖、茶、マーガリンなど計十日分。石油タンク二本、トーウット（鉄棒）、ウヤー（木の棒）、鍋、ナタ、包丁、ノコギリ、トナカイの敷皮、犬の胴バンド、細引、ヤスリ、サンドペーパー、トランク、16ミリ撮影機、35ミリカメラ二台、フィルム、寝袋、テント、トナカイの毛皮服、白熊皮ズボン、手袋（アザラシ、トナカイ）計三組、アザラシ靴、靴下、そしてライフル銃。

この計三百キロの荷を十頭の犬にひかせ、十日から十五日間の長旅を走りぬくのだ。食料が少ないようにみえるが、これは途中で補給しながらいこうと思っていた。これまでの狩りの訓練がそこで役立つはずだ。私はこの計画をシオラパルクの誰にも打ち明けていなかった。中止するように忠告されるのは目に見えていたからだ。ただ、だいぶまえイミーナに南の話をそれとなく聞いたことはあった。ずっと昔、狩り場をかえながら、中部メルビル湾までいったことのある彼は、南の深い雪とやわらかい氷の危険を説き、仲間がひとり海に落ちて死んだと私に話してきかせた。しかし、まさか私がこんな計画を持っているとは夢にも思わなかったことだろう。

十一時、私はたまたま部落にきていた大島君に見送られ、とりあえずカナックへむけて出発した。ところがイツダソア・フィヨルドでパッタリ出会ったイミーナと息子のカシンガは、あまりありがたくないニュースを聞きこんでいた。

「ナオミ、そんなに荷物をつんでどこへ行くんだい」

シオラパルクを出発したからにはもう計画を話してもいいだろう。それでもウパナビックまでとはさすがにいえなくて、私はウパナビックよりかなり手前のサビシビックの名前をあげた。

「二、三週間かけてサビシビックまでいってこようと思ってるんだ」

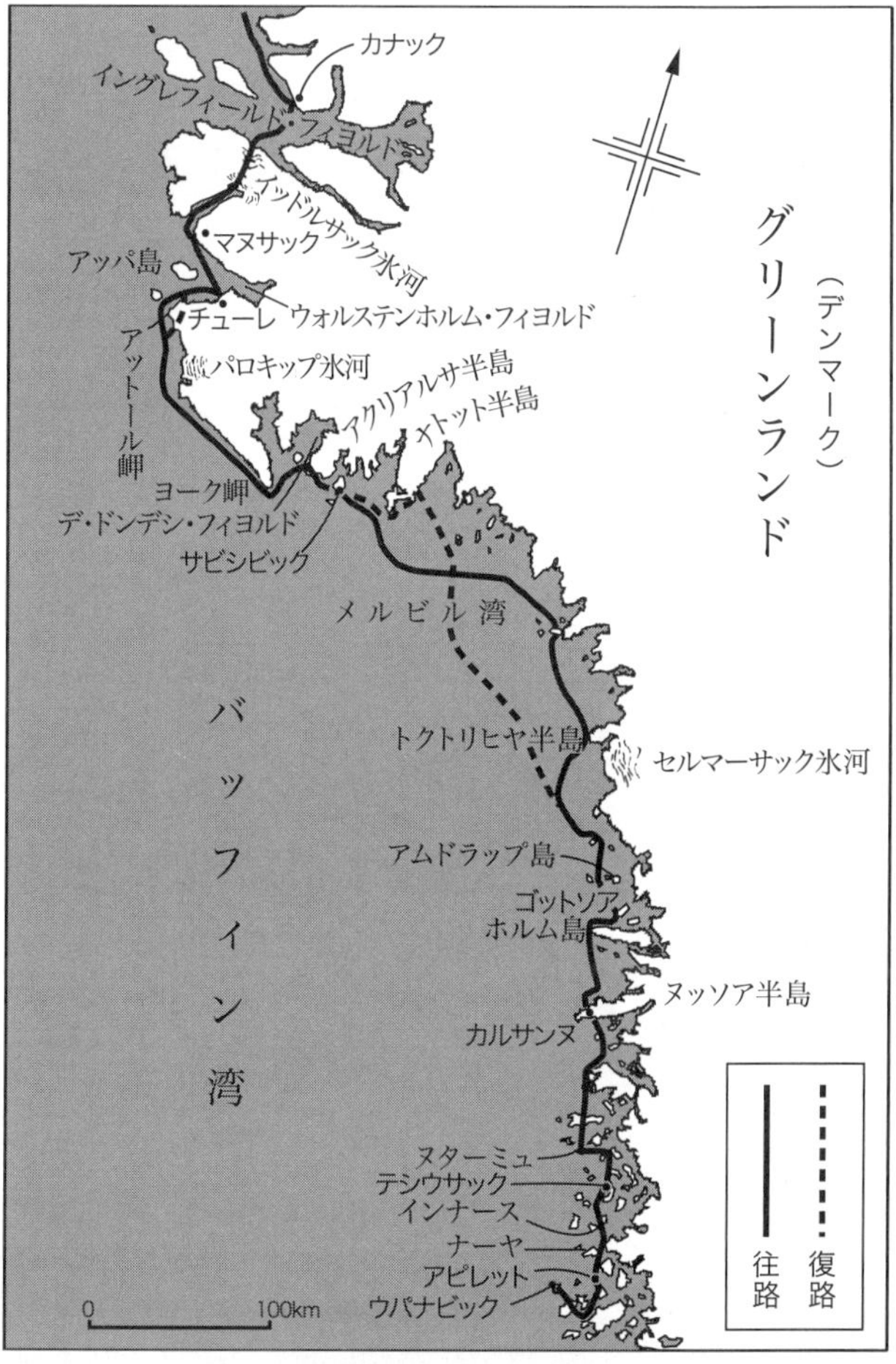
カナック
イングレフィールド・フィヨルド
イッドルサック氷河
マヌサック
アッパ島
チューレ
ウォルステンホルム・フィヨルド
アットール岬
パロキップ氷河
アクリアルサ半島
メトット半島
ヨーク岬
デ・ドンデシ・フィヨルド
サビシビック
グリーンランド
（デンマーク）
メルビル湾
バッフィン湾
トクトリヒヤ半島
セルマーサック氷河
アムドラップ島
ゴットソア
ホルム島
ヌッソア半島
カルサンヌ
ヌターミュ
テシウサック
インナース
ナーヤ
アピレット
ウパナビック
0
100km
往路
復路
犬橇旅行3000キロ行程地図

「お前ひとりでか？　それはよしたほうがいいよナオミ。きのうカナックで聞いたんだが、サビシビックへむかった三台の犬橇がチューレ基地の手前で動けなくなっているそうだぞ」

カシンガもうなずきながら、

「そうだよナオミ、それにヨーク岬の氷も、きのうの嵐ですっかり押し流されたそうだから、橇じゃ危ないぞ」

私はガッカリしてしまった。

目的地のウパナビックは、サビシビックからさらに千キロ、メルビル湾沿岸の無人地帯をくだってゆかなければならない。それなのに、はるか手前のヨーク岬やチューレ基地周辺がこんな状態では、どうなるのだろう。二月のカナダや北極海への旅は、私にはまだ無理だ。南極横断距離の三千キロを私の犬橇技術で走破できるかどうかは、このウパナビックへの犬橇旅を成功させるしかないのだ。そう心に決めて私は出発することにした。

「イミーナ、ありがとう。サビシビックにいくかいかないかはまだきめないけど、もしダメだったらカナックの近くでオヒョウ釣りでもして帰るよ」

「そうか、早く帰ってこいよ」

二台の橇は私の前から消えた。カナックのアナウッカの家へ着いたのは夜九時、重い橇にかえたからなのか、それとも私の暗い気持が犬たちに伝染したからなのか、いつもより二時間以上も時間がかかってしまった。

**二月五日**

この日、一月末からカナックのアマウナリの家にきていた両親に会いにいく。ナトック母さんに頼んでおいた、旅行用のツインニャ（キツネ）のアノラックをもらいにいったのだ。ところが二人ともインフルエンザにやられ、キツネの毛皮にはナイフもはいっていなかった。そういえばアナウッカも、くる途中であったカシンガも、激しく咳きこみ、黒っぽい痰を吐いていたっけ。カナックではインフルエンザがはやりはじめているのかもしれない。私はキツネのアノラックをぜひ旅行に持ってゆきたかったので、少し気がせいたが、できあがるまで数日間カナックへとどまることにした。そのうちチューレ地区周辺の状況も少しはかわるかもしれない。

**二月六日**

この日もアノラックはできていなかった。少し気分が良くなったらしく、二人は大きなびんをかかえてブドウ酒を飲んでいた。イヌートソア父さんは、村人たちをまえにして「これがワシの息子だ、さあおまえも飲め」とごきげんだ。エスキモーが自分の酒を他人に飲ませることはほとんどない。夫婦の間でもそうだ。そんな大事な酒をどんどんついでくれるイヌートソア父さんが、私にはとてもうれしかった。

夜、酔いのさめた頃を見はからってアマウナリの家にいくと、両親はやつれた顔でベッドのうえに横になっていた。ナトック母さんをベッドのうえに坐らせ、三十分ほど肩をもんでやる。

「アナナ、少しは気分がいいかい」

と私がきくと、ナトック母さんは涙をながしながら、

「アエンギラ、アエンギラ」(とてもいいよ)

と喜んでくれる。

「イヌートソア、あなたもナオミにもんでもらいなさい。風邪の悪い気分がいっぺんにふっとんでしまうよ」

イヌートソア父さんの背中は、とても六十七歳とは思えないほどガッシリしている。

「ナオミ、とても気持がいいよ。カナックのナコフサ(医者)は、タブレット(錠剤)をくれるだけでこんなふうにさわってくれたことはない。ナオミはカナックのナコフサよりもずっといいナコフサだ」

この夜のイヌートソア父さんはことのほかきげんが良く、犬を一頭ゆずってくれた。これで私の犬は十一頭になった。

## 二月八日

この日私はチューレ基地、サビシビック周辺の状況を少しでも調べておこうと、村人たちに聞いてまわったが、皆いちように危険だからやめろという。しかし私の腹はもうきまっているのだ。サビシビックをこえ、メルビル湾近くまで白熊を追ったことのあるカシンガは、雇ってくれるなら同行してもいいという気配を見せたが、私はあくまでもひとりでゆく決意をかえなかった。もちろん危険なことは百も承知である。しかしこれまで経験したことのない、新しいきびしさに直面し、切り抜ける力を身につけなければ、どうして南極を考えることができるだろうか。海氷の亀裂《きれつ》、地吹雪、嵐、マイナス四十度、白熊——まさに生と死の紙一重の経験こそ、私が極地にはいった目的ではなかったか。

ただ自分がいかに注意しても、行方不明になって多くの人たちに迷惑をかけたりするようではまったく無意味だ。まず「冒険とは生きて帰ること」なのである。私はアナウツカから犬を二頭さらに買い足し、ムチの予備も加えて準備に万全を期した。ナトック母さんのアノラックもできあがり、あとは出発を待つだけである。しかし天候は思わしくなく、私はジリジリする思いで回復をまった。

## 二月十二日

天候はまだ回復しない。今日は私の三十二回目の誕生日だった。エスキモーたちは誕生日がくると、マッタ（凍らせた鯨の生皮）、キビア（アザラシの腹につめてつけこんだ小鳥）などを用意してお茶をふるまうのだが、私にはそれができない。買う金もなかったので、誕生日のことは誰にもいわなかった。

カナックの村ではインフルエンザが猛威をふるい、村人たちはほとんど全員がベッドに横になっている。発生源はどうやらここから百キロはなれた、アメリカのチューレ基地らしい。まず物々交換に訪れたマヌサックのエスキモーが基地から菌をもらい、六十人近い部落民がいっせいにインフルエンザにかかった。数日たってから、マヌサックのエスキモーがカナックにやってくると、カナックは全滅、そして私がカナックへくる途中出あったイミーナ親子がシオラパルクに持ちこんだのだろう、シオラパルクもこれまた全滅。アメリカ空軍によって持ちこまれたインフルエンザは、わずか一週間の間に、この北部グリーンランド一帯を将棋だおしに襲ったのだった。風邪ばかりではない。性病にしても流行速度は早い。病菌の少ない極北に住むエスキモーは、流行病に対する抵抗力が特別に弱いのかもしれない。

## 二月十四日

午前十時半、十日間にわたって釘づけになっていたカナックをいよいよ出発だ。吹雪がやんだ空は、ちょうどエベレストの頂上を吹き抜けるジェット気流のように、冷たく澄みきっている。昨夜サンドペーパーをかけておいた橇は、青い海氷のうえをゴーゴーと音をたてて疾走した。私は大島君以外には、ついに誰にも、ウパナビック行きの目的を打ちあけることなく出発してしまった。心配をかけるのがつらかったのはもちろんだが、もうひとつ、ウパナビックまで到達できるというハッキリした自信もなかったからだ。私はいざとなれば無理することなく、いつでも引きかえそうと思っていた。

私の南極計画にしても、「やりたい」という可能性への挑戦である。「やる」ということと「やりたい」ということとはちがうのだ。今日まで、南極大陸の横断を「やる」といったことは一度もないはずだし、たとえそれが可能になったとしても、その出発点にたたないかぎり「やる」という言葉は使えない。

気温は出発のときよりもさらにさがり、マイナス四十四度になっていた。私はイングレフィールド・フィヨルドの真中で橇をとめ、犬の糞をあさっていたカラスを射とうと銃の引金をひいたが、「カチン、カチン」とにぶい音がするだけだった。薬きょうをたたく引金の油が凍りついて動かないのだ。もしこんなとき白熊でも出てきたらどうしようもない。

カナックを出てから四時間、イングレフィールド・フィヨルドの氷原に落ちこんでいる、イッドルサック氷河の末端にたどりつく。この氷河ごえが、まず第一の難関なのだ。

氷河にとりかかる前にまず石油コンロに火をつけ一服する。ポリタンクの石油は凍ってサラダ油のようにドロリとしている。相当な寒さだ。橇のランナーにもう一度ペーパーをかけ、みがきあげる。

この氷河をわたるには、約十キロののぼりと十五キロのくだりをこなさなければならない。氷河がひきずってきた堆石《モレーン》がごろごろしている、幅二キロほどのモレーン地帯を過ぎると、雪をうけつけない青い氷のクレバス地帯がある。傾斜も、急なところでは三十五度もあり、なかなか厳しい。しかしここは前に一度ひとりでこえた経験がある。ルートもだいたい頭にはいっている。まず大丈夫だろう。

それでもモレーン地帯を通過するのは生やさしくはない。横滑りにぶれる橇をささえ、犬を怒鳴りつけながら、急斜面の下部にとりついたときには全身汗びっしょりである。犬は大きく荒い息をはいて氷のうえに寝そべっている。その息がすぐ顔のまわりに凍りついて霜柱のようになり、リーダー犬のコンノットは黒犬なのに、真白にかわってしまった。犬をひと休みさせてからすぐ最大斜度をもつ斜面にとりつく。もし途中、数頭の犬が足をすべらせたら最後、千メートルは滑落《かつらく》してしまうだろう。私は緊張し、ムチの代りにすべりどめのクサリをとり出し、犬を激励した。犬はつるつるすべる斜面で、三百キロ以上ある橇をひかなければならないのだから大変だ。途中足をすべらせた犬が何度も私の足先にコロコロころがってくる。そのたびに私はクサリをふるって犬を追いあげた。これが二、三人のパーティならば、ひとりが橇の舵をとり、ひとりが犬を追い

12頭の犬たちとともに、往復3000キロの犬橇旅に出発

あげればいいからまだ楽なのだが、ひとりで全部の操作をするのはえらく骨が折れる。結局この難場は三十分で切り抜けたが、私には何時間もかかったように思えた。

それにしてもエスキモー犬はよく頑張る。もっともここでちょっとでも力を抜けば、あっという間に氷河をすべり落ち、あの世ゆきなのだから頑張ってもらわなければ困るのだが……。しかし犬たちが頑張るのはすべり落ちるのが恐ろしいからなのではなく、うしろでムチを持って追いたてる人間が恐ろしいからなのである。犬たちは役に立たなくなればすぐ殺されることをよく知っている。犬にとって人間ほど恐ろしい者はいないのだ。エスキモー犬は日本の犬のように、人間にむかってほえたり、うなったり、甘えたりすることは絶対にしない。カナックで子供がつないである犬にちょっかいを出し、足を少し噛まれたことがあったが、その犬は主人の手ですぐヤグラのうえに首吊りにされ、食べられてしまった。この急な氷の斜面を無事のりきることができるかどうかは、普段甘い顔を絶対見せない犬扱いにかかっているのだ。

汗をかいた身体はすぐに冷えこみはじめ、キツネのアノラックの下の汗は凍りついて、身体をゆするたびに氷片がパラパラと落ちてくるのだった。

## 二月十五日

きょうはきのうの氷河ごえとちがい、平坦な海氷を走った。この日、私はじつに四カ月ぶりで太陽を見ることができた。橇を走らせている途中、岩山の頂上に赤くかがやいている太陽光は何度か見えていたのだが、左岸の大きな岩壁をまわりきったとたんに、フィヨルドの入口の水平線に、大きな真紅の太陽がぽっかりとうかんでいるのが目にはいったのである。私は思わず「太陽だ、太陽だ」と叫び、橇のうえでバンザイをしてしまった。寒いまっくらな世界に、パッとあたたかい光がさしこんできたような感じだった。しかし寒さは相かわらずで、16ミリカメラのシャッターをいくら押しても凍ってまわらなかった。太陽は水平線のうえを左から右へ、ゆっくりとお盆をころがすように移動していたが、一時間もすると、ふたたび水平線の下に消えてしまった。犬たちもそれと同時に元気がなくなっていくようだった。

この日、夜遅くマヌサックの部落についた。アメリカ基地手前のマヌサックの部落は、シオラパルクとほとんどかわらない規模のエスキモー部落である。はるかかなたにはアメリカ基地のあかりがキラキラかがやいてみえる。私は同年輩のイットコの家に世話になった。

## 二月十六日

私はイットコの犬橇でアザラシ狩りに出かけた。ここマヌサック一帯の海氷は新氷が多く、氷のうえには、線をひいたような氷の割れ目があって、その割れ目には一センチほどの厚さの氷がはっていた。

ここの海氷はいつも動いている。あちこちにある割れ目は雪でおおわれ、表面からはまったく見えないので、橇がそこを横切るときは、ガタンと沈みこみ、そのたびに私は背筋が冷たくなる思いだった。

今日のアザラシ狩りは、私にとって少々ショックであった。いままでシオラパルクを中心にして、かなり練習をつんだはずなのだが、どうにもうまくいかないのだ。

穴のまわりで銃を持って待ちかまえているあいだに、顔も手も、寒さのためにしびれ切ってしまい、穴から鼻を出したアザラシめがけて引金をひこうにも、手がいうことをきかない。弾は穴のふちをかすめ、アザラシは雲を霞と逃げてしまった。十二月、一月とカナダのほうまで足をのばし、かなり射ちこんだはずであったが、二月の寒さがこうまで厳しいとは予想もしていなかった。南への犬橇旅行の食料は、アザラシ狩りの成果をかなりあてにしている。私はちょっと不安になった。

私がこのマヌサックにとどまり、イットコと狩りに出たのは、彼を旅行にひっぱり出そうという魂胆があったからである。

彼はおとなしいたちだったが、眉が濃く、がっしりした体格は精悍《せいかん》そのもので、いかにも頼りになりそうだった。

「どうだいイットコ、私といっしょに出かけないか」

「そうだな。メルビル湾までいくと白熊がとれるから、行こうかな」

「私はウパナビックまでいくつもりだが、途中まででもいっしょに行こうよ」

イットコは私の誘いに、かなり乗り気だったのだが、かんじんのところで邪魔がはいってしまった。彼より十歳年下の若い奥さんが反対したのだ。彼は奥さんのひと言で、あっさりと気持をかえてしまった。それにしても、エスキモーの間で女房関白というのは珍しい。シオラパルクのカーリなど、他人はもとより奥さんに左右されることはなかったし、ほかの人たちも酒を飲んで奥さんに暴力をふるうなど、まったくの亭主関白だった。イットコは村の若い娘がそばにきても、妻の前では話ひとつしなかった。

この日はイットコの説得に失敗したことのほかに、もうひとつ悪いことがかさなった。家の前につないでおいた十三頭の犬のうち、一頭が行方不明になったのだ。曳綱の端に胴バンドが残っているところを見ると、嚙みきって逃げたらしい。暗がりのなかで一頭一頭点検してみると、逃げたのはタッチャンガから買った赤犬であった。いつも仲間からいじめられていたから、がまんできなくなったのかもしれない。しかしこれからの旅を考えると、犬は一頭といえどおろそかにできない。それどころか、まだまだ犬がほしいくらいのところだったので、私は部落中の子供を総動員して、部落にいる四、五百頭の犬のなかをさがしまわったが、ついに見つけることはできなかった。

## 二月十七日

快晴、気温マイナス三十八度。チューレ基地にむけて出発する。その前にもう一度犬を探しまわったが結果は同じであった。

午後二時、犬に見切りをつけ、十二頭でひく犬橇に、三頭のアザラシと二十五キロのサメの切り肉をつみこみ、イットコに見送られて出発した。けさまでイットコの同行を説得し続けたのだが、彼の決心はかわらなかった。

橇はさっぱりすべらなかった。せいぜい時速十キロくらいだろうか。橇のランナーを見ても、けさみがいたばかりの状態で、キズひとつない。十二頭の犬も曳綱をゆるませてサボっている犬は一頭もいない。サボリの名人のカーウンナの兄弟犬さえ、いまは鼻から真白い息をはきながら一所懸命にひいているのに、まるで砂漠のうえを走っているような感じだ。出発してから一時間もたっているのに、マヌサックの部落の煙突がまだすぐそこに見える。

犬が一頭減っただけで、こうもちがうものだろうか。しかし念のために気温をはかってみてその原因がわかった。気温はさらにさがって、マイナス四十二度にもなっていたのだ。マイナスも四十度をこえると、橇のすべりが極度に悪くなるのは、これまで何度も経験していたことだった。私は橇をとめ、お茶を飲んでから、ランナーに何度も水をそそぎ、二ミリほどの氷をはらせた。これで橇のすべりはいくぶんよくなったが、それでも私のランニングのスピードには追いつかない。私は何度も橇をおりて犬の先頭にたって走った。しかし、イットコとアザラシ狩りをやったときにやられた、鼻の頭の凍傷の水泡に風があたると、焼きゴテをあてられたように痛く、二十分ともたなかった。

マヌサックを出発してから五時間、行手にあかりが見えてきた。アメリカ空軍のチューレ基地である。午後七時、私はやっと基地のあかりの下にうかびあがる、エスキモーの共同小屋についた。小屋は基地から二キロほどはなれた海岸べりにたっていた。シオラパルクの私の家より少し大きい程度だ。ここはエスキモーがチューレ基地と接触するためにつくった、一種の出先機関なのだ。犬を海氷にむすびつけ、シュラフとコンロを持ってドアをあけると、せまい家のなかは、エスキモーたちでいっぱいである。

「グッダー」（こんにちは）

「ハイナフナイ、ジャパニ」（よう、こんにちは、どうだったい？）

「イッキャンナット、イッキャンナット」（いや、寒い、寒い）

みんなは私を奥にまねきいれ、石炭ストーブのそばに坐る場所をつくってくれた。十畳くらいの部屋は半分が床、半分が土間になっており、入口近くにはストーブがおいてある。その中に、十四、五人のエスキモーがはいっているのだから、足の踏み場もない混雑ぶりだ。

そのわずかなすき間にアザラシの肉や、いまにもひっくりかえりそうな便器用バケツがおいてある。気をつけないと、大小便で味つけした肉を、知らずに食べてしまうことになりかねない。見おぼえのある顔がここにもあそこにもいる。カナックの住民で一家四人づれできているもの、九月に結婚したばかりのマヌサックの若夫婦……。

ここにやってきている連中はみな、アメリカ基地の軍人から、酒、タバコ、チョコレートなどを手にいれるためやってきているのだ。もちろん物々交換である。そのなかでマヌサックからきていたアールは見なれないものを持っていた。それは小指の先ほどの小さな鉱石で、手にとってみると見た目よりもずっと重く、あざやかな金色にひかっている。私は以前に行政官から、基地付近では砂金がとれるということを聞いていたので金塊かもしれないと思った。

「フナウナ」（これは何だい？）

「ウッドガヤ、ウッドガヤ」

ウッドガヤというのは星という意味である。星ということは隕石か。隕石ならば磁気をおびているはずだ。私はその石を腕時計にあててみた。案の定それはピタッと時計にはりついた。

「ナニ、ウッドガヤ、ペカッポ」(この石をどこでとったんだい)

「アバニ、アバニ」(ずっと遠くのほうだ)

くわしく聞いてみると、これはずっと陸地にはいったところにあって、地面に深くめりこんだひとかかえもある岩の塊りから削りとってきたものだという。そこらにある黒っぽい岩とはちがった色をしていたので持ってきたらしい。アールは、オノで力いっぱいたたいてもオノがこわれるほどその岩はかたくて、これだけ小さいかけらをとるのも大変だったと教えてくれた。もしこれからのウパナビックまでの旅が不可能になったらぜひ行ってみよう。

「アール、この〝星〟となにを交換するつもりなんだい?」

私はアールの言い値が安ければ買いとってもいいと思っていたので、それとなくさぐりをいれてみた。アールは、

「ウイスキー、二本」

と親指とひとさし指を出した。

「こんな小さなもので、ウイスキー二本は無理じゃないのか」

と私がいっても、アールは自信ありげだ。私は少々分が悪いと思ったが、トランジスター・ラジオを持ち出した。この犬橇旅行では必要品ではなかったからだ。

「どうだいアール、これと交換しないか？」

私はアールがすぐとびつくものと思っていたので、

「ウイスキー、アエンギラ」（ウイスキーが一番いい）

ときっぱり断わられたのにはびっくりした。彼は以前にもこの取引をやったことがあるようで、アメリカ軍人はこれをとても欲しがるらしい。

エスキモーの用意する交換品は、ウミンマ（じゃこう牛）の角だとか、昔使用した矢じりだとか、北極点にはじめて立ったペアリーの使用した望遠鏡だとか、いろいろである。チューレ基地の近くの岩場でとれるソープストーン（石鹼石）の加工品も多かった。エスキモーたちはこの石を加工して、銅や器、コッタ（燭台《しょくだい》）などを作り使用していたのだが、現在ではデンマークから金属器がはいり、ほとんど実用には使われていない。そのかわり彼等はこの石で、アザラシ、人間、白熊などの彫物をつくり、酒やタバコにかえているのである。

エスキモーたちが鯨やアザラシを追い、銃を構えるときの真剣な姿や、ソープストーンをひざのうえにのせ、懸命にヤスリを使っている姿を見ていると生き生きしていて、美しくさえ見える。ところが一方でアルコールに酔い、ウイスキーのびんをふりかざしてわめいている姿は、滅びゆく民族以外のなにものでもない。いったいどちらが本当のエスキモーの姿なのだろう。

すでに三時を過ぎ、皆ゴロゴロと横になりはじめた。赤ん坊をかかえた夫婦が横になると、となりの者は頭を足のほうにおいて、たがいちがいに寝なければならない。それでも肩をたてなければ寝られないほどの混雑ぶりである。シュラフを持っているのは私だけだったが、あまりの混みようにそれをひろげることもできず、私は彼等と同じように、トナカイの毛皮を着たままシュラフのうえに横になった。

酔っ払って寝こんだ爺さんが、はげしい往復いびきをかいているので、なかなか寝つかれない。おまけに一番奥に寝ていた新婚の若夫婦がゴソゴソやりはじめた。若い独り者の私にはたまったものではない。ちょっとのぞいて見ようと思ったが、寝がえりをうって気をちらせちゃあ悪い。私はそっと目をあけてみた。ところが驚いたことに、鼻と鼻をつきあわせるようにして寝ていた十三歳の子供も、目をギョロつかせておきていたのだ。目と目があうとニヤリと笑う。皆てっきり寝こんでいると思っていたが、そうではなかった。みんな耳をすませて聞いているのだ。現金なもので若夫婦がセックスをはじめてから、爺さんの往復いびきもピタリとやんでいる。エスキモーにはプライベートな部屋はないから、他人の目など気にしていては、セックスなどとてもできないのだ。子供たちは目を大きく見開いて一部始終を見守っていたが、大人たちは聞き耳だけはたてても知らんふりをしていた。

行為は十分くらいで終わった。まったく無言の行である。左手をちょっとのばせばとどくところにいるのだから、ささやいたくらいでも耳にはいるのだが、ただはげしい鼻息しか聞こえなかった。夫のほうは終わって十分とたたないうちにいびきをかきはじめ、爺さんもまたそれにあわせはじめた。私はすっかり興奮してしまったのといびきで、いつまでも寝つかれなかった。

## 二月十八日

太陽がのぼるとアルミニューム製のカマボコ兵舎が並んでいる基地の全容を見わたすことができる。暗闇の十一月にきたとき、この基地は電気のあかりだけではっきりしなかったが、今日は建物に書かれたナンバープレートまではっきり見える。家の前をカーキ色の軍用トラックがゆきかい、まるでアンカレッジの街を歩いているようだ。

ケネディ時代のキューバ危機のときに、チューレ基地の軍隊は、グリーンランド総人口の三倍にあたる一万二千人にまでふくれあがり、いつでも出撃できる非常時体制にあったという。

エスキモーたちは、ひっきりなしに飛来する巨大な飛行機を、基地の外から異様な目で見守っていたそうだ。

私は基地留めで送られてきていた、私宛ての郵便物を受けとった。エベレスト国際隊でいっしょだったノルウェーのオッド君、コペンハーゲンで世話になったベンドセン夫妻。そしてグリーンランドにくる前、モン・ブランとマッターホルンにともに登った佐藤久一朗さん。もう七十歳をこしている佐藤さんの頑張りとマジメな態度は、自分にあまえ、初志を忘れかけていた私に、無言の忠告であった。そして日本の山岳界の先輩や友人たち——数カ月ぶりの便りを、私は何度も何度もくりかえして読んだ。私を見守ってくれている人たちがこんなに沢山いる。絶対事故はおこすまい。私は改めてそういい聞かせた。私は次のような手紙を書いた。

これからチューレから千キロ以上も先にあるウパナビックへの旅に出ます。十二頭の犬とともに、沿岸の海氷上を単独で行く危険な旅です。これから走るグリーンランド北西海岸には、二百五十キロ先にサビシビック部落、さらにそこから四百五十キロ先にウパナビック地区最北端の小さな部落があるだけで、あとはまったくの無人地帯です。しかし慎重に行動すれば、この走破は可能だと思われます。いつウパナビックに着けるか見通しはつきませんが、着きしだい一報をいれます。

**二月十九日**

チューレ基地周辺、猛烈な雪嵐にみまわれ出発をのばす。

**二月二十日**

この日も雪嵐はやまない。小屋の中はアルコールの臭いとタバコの煙が充満して息苦しい。アールは望みどおり、小さな隕石をジョニーウォーカーの赤にかえた。

# チューレからサビシビックまで

## 二月二十一日

正午、やっと雪嵐がおさまったのでチューレ基地を出発した。これから先は私にはまったく未知の世界である。アッパ島との間にあるウォルステンホルム・フィヨルドの海氷は、平坦で雪もほとんどなく、橇は快調に進んだが、アットール岬にかかるとはげしい乱氷群が姿をあらわし、スピードが目だって落ちた。橇は前後上下左右とあらゆる震動をうけ、サビシビックどころか十キロもつかどうか。結局わずか五キロの岬をまわるのに三時間もついやし、岬をまわりきったころには太陽が地平線に沈んで午後四時半になっていた。

板状にもりあがった氷の裏から突然黒い影が目にとびこんできた。アザラシ狩りにやってきた二台の犬橇だった。やはりホッと気持がやわらぐ。

「グッダー」

「キーナッチ」（お前は誰だい？）

「ジャパニ」（日本人だよ）

「そんなに荷物をつんで、どこにいくんだ」

「いや、ちょっとサビシビックまでさ」

「誰といっしょだい」

「俺ひとりだよ」

「ひとり？　お前サビシビックがどこにあるか知ってるのか？」

「いや知らない。でも地図と磁石があるから大丈夫さ」

「アヨンナット（それは危険だ）。これから先は俺たちのほかは誰もいないぞ。この付近の乱氷もかなり悪いが、メルビル湾の手前のヨーク岬はこんなものじゃない。海水が出てることもあるんだ。死んでしまうぞ」

マヌサックで見かけたことのある、中年の肥ったエスキモーは真剣な表情でそういった。

「君はサビシビックまで行ったことがあるのか」

「ナッア（ない）、しかしなんのためにお前はサビシビックまで行くんだ？」

「シオラパルクにはあまり女はいないが、サビシビックには沢山いると聞いたことがあるんでね」

私の計画を話したところで彼等を混乱させるばかりだ。私はてっとり早く説明できる女の話をもち出した。

「じゃあ、俺もいっしょに行こうかな」

男はニヤニヤ笑いながら、本気なのか冗談なのかわからないことをいう。あんなに危険だといっていたのに、女となるとコロリとかわる。小さいほうのエスキモーは反対した。

「俺はいかないよ。ここからサビシビックまで四日はかかるし、女よりもウイスキーのほうがよっぽどいい」

結局二人は行かないことになった。

「ヨーク岬は氷が薄いから気をつけろよ。帰ってくるときには、女をつれて帰ってきてくれ」

二人はそう言い残して、アッという間に氷のむこうに消えてしまった。私は急に淋しくなった。私は犬たちに呼びかけた。

「オイ、お前たち、しっかりやってくれよ。これから俺の命はお前たちにかかっているんだからな。コッホア、コッホア（早く走れ）」

海水の潮の動きが早いのだろうか。橇を走らせていても、すぐ下でバリッ、バリッと氷に亀裂のはいる音がして気味が悪い。私は何度もひきかえせというもうひとりの自分とたたかわなければならなかった。

午後八時、海氷から岸に橇をあげ、オーバーハングしている岩の下にテントをはり、犬に肉をやる。

犬たちにはチューレにはいる前からサメの干肉を与えていたが、そのせいかどうか下痢が止まらず元気がない。背中をなぜるとみなやせて背骨がゴツゴツしており、シオラパルクを出発したときのような威勢はまったくなくなっていた。

テントにはいり、私は鯨の肉を腹いっぱいたべた。いつ襲ってくるかもしれない白熊にそなえ、ライフルを手元におくことも忘れなかった。

## 二月二十二日

朝おきてみると、あたり一面にガスがかかり、小雪がちらついていた。地形のわからない私には、視界のきかない状態での行動は危険なので、今日の出発はみあわせようと思ったが、太陽がのぼりはじめるとあたりが急に明るくなったので、急ぎ出発することにした。

ところが海岸べりには予想もしなかった事態が待っていた。昨夜橇を海氷から岸に引きあげたとき、その境目にはわずか三本ほどの小さな亀裂があっただけだったのが、午前十一時の出発の時には大きなクレバスになっていたのである。引潮で海水がさがったためだ。橇を渡すのは大変な作業である。私はまず犬たちを一頭一頭海氷のうえに投げ渡した。そして橇のうしろにロープを結び、岩に固定してから徐々に橇を海氷のうえに渡した。つまり橇は幅二メートルのクレバスのうえにかけた橋のような状態になる。橇は岸と海氷のうえにかろうじてのっていて、少しでも前後に動けば、たちまち海水のなかに落ちこんでしまう。この橇を犬と私とで、一気に海氷のうえに押しあげようというのだ。

カギは犬たちが私の号令にうまくこたえてくれるかどうかである。四、五頭の犬がなまけていると、橇はまちがいなくクレバスのなかに落ちこんでしまうだろう。私は手に鎖をもち、橇を押すため後部の柄を握って呼吸をととのえた。あとは運を天にまかせるだけだ。

「ヤー、ヤー」

私は大声をあげると同時に、鎖を犬にむかって投げつけた。犬は驚いて沖へむかっていっせいに走り出す。たるんでいたロープがぴんとはった。いまだ。私は力いっぱい橇を押した。ところが橇は海氷のうえまでのりあげず、クレバスの端を支点にして、ちょうどシーソーのようにユラユラゆれている。私は胆《きも》を冷やした。橇の後部に羽毛一枚でものせたら、たちまちクレバスのなかに落ちこんでしまいそうだ。「ヤー、ヤー」私は夢中になってさけんだ。幸い犬はよく頑張り、橇は無事海氷のうえに引きあげられた。満潮まで待てば海水があがり、すぐ氷がはってクレバスをふさいでくれるのだが、私はできるだけ早くサビシビックまで行きたかったのである。しかしいま思えば、安全を考えて満潮時まで待つべきだったのかもしれない。

橇は乱氷群にぶつかったり、やわらかい新雪のなかに突っこんだりして、悪戦苦闘の連続である。犬は相かわらず下痢がひどく、走りながら背中をまるめて糞をたれ流している。それが曳綱にひっついて猛烈にくさい。もつれた曳綱をほどくときには、凍りついた糞が手袋のあたたかみでとけ、私の手袋はもちろん、白熊のズボンも糞まみれである。

パロキップ氷河の氷山帯を抜け、水分をふくんだ小雪のへばりついている新氷のうえに出ると、橇はますますすべらなくなった。犬はまったく疲れはて、私がいくらムチをふるってどなっても、チラリと私のほうを見るだけで、さっぱり進まない。山でバテた新人山岳部員のように足が前に出ないのである。私が地形を見るためにちょっとでも犬から目をはなすと、犬たちはすぐ曳綱をたるませ、サボろうとする。

サビシビックまでまだ二百キロもある。こんな調子ではいったい何日かかることか。

突然一頭の犬が氷のうえにヘナヘナと坐りこみ、走っていた橇にひかれてしまった。カナックを出るときアナウッカから買った犬だ。肛門も開きっ放しで下痢がひどく、これではもう橇用には使えまい。私はよほど殺して犬用の食料にしようかとも思ったが、橇にはまだアザラシ一頭とサメの干肉二十五キロがある。一週間分の食料があるのに、これまでなついていた犬を殺してしまうことは、私にはできない。かといってこのままおきざりにしてしまうのも可哀想なので、私は橇のうえにのせてやった。おそらく、エスキモーならこんなバカなまねはしないだろう。

午後五時半、出発してまだ六時間半しかたっていなかったが、カンギリ・フィヨルドの入口の氷山のそばに今日のテントをはることにする。テントは登山用の高所アタックテントで、内張りを三重にし、底にシートが縫いつけてあって袋状になっている。組みたてるのに五分とはかからず便利なものだ。

犬に食料をやる。今日はサメの肉はやめにして、アザラシの胴半分を与えることにした。アナウッカの犬は、大好物のアザラシ肉を目の前においてやっても、鼻をならすだけで食べようとしない。ほかの犬たちは食料をめぐって大騒ぎである。ボス犬は肉を独占しようとして、弱い犬が近づくと手あたり次第に噛みつく。負け犬のカーウンナ兄弟は満足に肉にありつけず、肉がなくなってほかの犬が寝てしまったあとでも、曳綱をいっぱいにのばしてエサをさがしまわっていた。

私はテントのまわりを犬でかためた。そして残っているアザラシとサメの肉を、テントから三十メートルほど離れたところにおいた。もちろん白熊対策である。こうしておけば白熊がテントを見つけても、まず肉にとりかかるだろうし、そのうち犬も目をさましてほえたてるだろう。

「オイ、今晩も白熊の見張りをしっかりたのむぞ」

私は犬にそう声をかけてテントにもぐりこみ、ライフルに弾丸を二発こめて枕元においた。いつでもそうだが、いったんテントにはいってしまうと、朝まで外に出ることはない。小便がしたくなったときは横になったままアキカンに出し、テントのベンチレーター（空気孔）から捨てた。夜中に捨てるのが面倒で朝までおいておくと、カチンカチンに凍りついてしまう。そんなときには、いったんコンロでとかしてから捨てなければならない。このアキカンは同時に肉を煮たときのスープいれにもなっていた。いちいち生活用具をつみこんでいては、とても長旅などできない。

ここで犬橇を走らせているときの大小便の話を少ししよう。小便はもれる寸前まで、できるだけ我慢する。だいたい手がかじかんでいたり、イチモツが寒さで縮みあがっているから、ズボンにどうしてもふりかかる。しかしこれはすぐ凍りついてしまうから、終わって手袋でたたくと、きれいに落ちてしまう。

問題は大便のほうである。マイナス四十度の外気に尻を出すのはじつにつらい。一分以上も尻を出していると、痔《じ》にかかったような痛みをおぼえる。こちらで肉食生活をしていると、糞がやわらかくなり、一度に出てくれないから困る。エベレストのふもとに住むシェルパの糞は、主食が穀物のせいか、紙をつかわなくても尻は汚れなかった。ところがここでは下腹、肛門に力をいれて力まなければなかなか出てこない。もちろんトイレット・ペーパーなどはない。すむと手袋の小指の側の先端でふきとるだけだ。手袋は雪にこすりつけるだけですぐきれいになった。

二月二十三日

曇り、気温低し、今日もまた向い風。昨夜も白熊に襲われることなく無事だったのがうれしい。

朝十時出発、夕方の六時半にヨーク岬手前の入江に着く。八時間半の行程を犬たちはコンスタントなスピードで走ってくれた。アナウッカの犬も橇からおりて走るまでに回復していた。ありがたい。今夜のねぐらはサビシビックまであと七、八十キロの地点で、これはシオラパルク――カナック間の距離にだいたい等しい。日本縦断をやったときは、一日五十五キロ平均歩いていたから、もしここで橇がこわれて、必要装備をかついで歩いても、三日とはかからないだろう。私はかなりゆったりした気分になり、今ではサビシビックから先のウパナビックのことを考える余裕さえ出てきていた。

二月二十四日

今日いよいよサビシビックにはいることができる、という気持のたかぶりのせいか、今朝は七時半に目がさめた。しかし今日は最後の難関ヨーク岬が待っている。シオラパルクでも、カナックでも、マヌサックでも、エスキモーたちはみな口をそろえてヨーク岬の危険性をいったものだ。だがここ二、三日、マイナス四十度の気温が続いている。氷はしまっているだろうからまず大丈夫だろう。しかし不安は残る。

テントのなかでお茶を飲みながら、地図をひろげ、今日走るコースを検討してから、九時半、いよいよ出発だ。

一時間半でヨーク岬に出る。これまで海岸から数キロはなれて走っていたのだが、岬付近は氷が薄く、海水が出ているかもしれないといわれていたので、橇を岬の岩壁いっぱいにまで寄せて走った。幸いなことに氷はゆるんでいなかった。橇からおり、足でドンドンやってみると、ジワジワとへこむ感じはあったが、一月にカナダ国境でアザラシ狩りをやったときの氷の状態にくらべると、ずっと厚く安全なようだ。あれだけ心配していたのがバカみたいだ。

しばらく走っているうちに、高度四百メートルほどの岬の岩山のうえに、黒っぽい塔がたっているのが目にはいってきた。アメリカ空軍の手でたてられたペアリーの銅像である。

私は去年、シオラパルクにはいるためグリーンランド西岸を船で北上したが、船がヨーク岬にさしかかったとき船長は双眼鏡を持ち出し、ペアリーの銅像が見えるはずだといった。あいにくそのときは雲が出ていて視界が悪く、銅像は見えなかったのだが、私はそのときはじめて北部グリーンランドの自然をまのあたりに見たのだった。荒涼とした黒い山々、薄暗くいりくんだ沿岸の岩壁、そして内陸氷床の白いなだらかな起伏。はたしてこんなところに人間が住めるのだろうか。まだ九月だというのに、気温はすでにマイナス十度をこえている。私は双眼鏡をのぞきながら不安にかられたものだった。

しかし私はいま双眼鏡でのぞいたその自然のなかを一人こうして走っている。それも最も寒さの厳しい真冬に……。私は胸の底からこみあげてくる昂《たかぶ》りを感じた。ヨーク岬をまわりこみ、乱氷を抜けたところで、ヨロヨロと頼りなく走っていた犬が急にスピードをあげた。アナウッカの犬さえ、今まではガラリと変ったスピードで走り、ボス犬のコンノットはじめ全員が、耳をピクピクと同じ方向に動かしている。何かを捜しあてたのだろうか。犬たちは海氷が寄りあつまって小さな丘のようになっている手前までくると、ピタリと止まった。

私がすぐ思いうかべたのは白熊である。右の手袋を脱ぎ、ライフルの引金に人さし指をそえた。胸はドキドキと音が聞こえてくるほど高鳴っている。犬たちは私の顔を見上げるだけで、まったくほえようとしない。私は橇をおり、頭を低くして、おそるおそる丘のうえにあがった。丘のうえからは何も見えない。丘のすぐ横に小さな氷山があるから、その裏かもしれない。ふたたび橇までもどり、反対側から氷山の裏へまわりこむ。

もし白熊がとび出してきて、ライフルが命中しなかったらどうしよう。私の射撃の腕から考えるとおおいにあり得ることだ。ズボンのポケットには肉用のナイフがはいっているが、強力な腕力を持っている白熊にあっては、ひとたまりもないだろう。銃には三発の弾丸がこめてあった。それが全部はずれたら……五発つめておけばよかったとくやんでみてももう遅い。

最後の氷の塊りをまわりこむと、さきほどの丘が見えた。白熊はいなかった。私はホッとした。しかしいないとわかってみると、逆にガッカリするのだから勝手なものだ。それにしても、犬たちは何をかぎつけたのだろう。まもなくその原因がわかった。アザラシ狩りの網がしかけられていたのである。おそらくサビシビックのエスキモーが仕掛けたのにちがいない。サビシビックまでもう六十キロ、シオラパルクのエスキモーも百キロ以上の狩りに出ることがあるから、このヨーク岬にサビシビックのエスキモーの網が仕掛けられていたとしても少しも不思議ではない。

案の定カヤックをつんだ二台の橇が目の前にあらわれた。おそらく親子なのだろう。網に凍りついた氷をウナー（鉄棒）でくだいている。私には四日ぶりの人間である。たまらなく嬉しかった。やっぱり人間っていいものだ。

「グッダー、ハイナフナイ」

二人はやはりサビシビックのエスキモーであった。岬の先のオープン・シーにカヤックを浮べ、アザラシ狩りをやってきたという。私は彼等と少し話しこんでからすぐ犬を出発させた。

サビシビックまであと残された難関は、幅三十キロに及ぶデ・ドンデシ・フィヨルドの横断である。このフィヨルドはシオラパルク――カナック間のフィヨルドのようにはいかなかった。デ・ドンデシの内陸から運ばれてきた氷山が、外洋に抜ける前にヨーク岬のかげにたまって乱立している。おまけに雪も深い。犬は胴まで埋まり、悪戦苦闘している。犬の負担をできるだけ軽くしてやろうと、一度は橇をおりたのだが、ヒザまでもぐる深雪に歩くこともできない。私は橇のうえから「ヤーヤー」と声をかけるだけだった。

フィヨルドの真中あたりまできたとき、サビシビック部落のあるサビシビック(メテオリット)島が見えてきた。もう一息だ。

〽見えた見えたよ、松原越しに……と思わず鼻唄も出る。

午後七時半、ついにサビシビックの部落についた。チューレ基地を出てから、長い四日間であった。地図だけをたよりに、エスキモーさえ敬遠するひとり旅をついにやったのだ。ウパナビックまで、まだまだ困難は多いだろうが、とりあえず第一目標を無事やりおおせたのは大収穫であった。

サビシビックでは三人の子持ちのキウチッカが宿を提供してくれた。もちろん彼等にとってははじめて見る日本人である。私がはじめてシオラパルクにはいったときと、まったく同じ光景が展開された。

「どこからやってきたんだい?」

「シオラパルクからきた」

「お前ひとりでか?」

「そうだ」

彼等はまだ信じられないといった表情で、オーと歓声をあげる。なかにはまだ日本人だということを信じない男もいて、

「おまえはほんとはカナダ・エスキモーじゃないのか。カナダには我々の仲間がいるから、カナダからシオラパルクへ渡ってきたのだろう」

と疑わしそうに聞く。確かにこれまでの生活でエスキモー語はかなり上達していたし、それにデンマーク人ともアメリカ人ともちがって彼等と同じ顔をしている。どうにも外国人とは見えなかったのだろう。

「いいや、コペンハーゲンからちゃんと船に乗ってカナックに来たんだ」

「ウーン」

「チューレ基地を知ってるだろう。あそこに大きな空を飛ぶものがあるだろう。あれにのって日本からデンマークにやってきたんだ」

「日本人は皆こんな顔かい？」

ひとりの老人が私の顔を指さして聞く。

「もちろんだとも、日本人はみんな君たちと同じ顔をしているよ」

「それじゃ、ジャパニ・エスキモーだ」

若者が大声をあげた。

「日本はどこにあるんだい」

「アバニ、アバニ」（遠い遠いところだ）

地球儀も世界地図もない。いやもしあったとしても、この氷の世界から一歩も出たことのない彼等に説明するのは無駄というものだろう。

突然やってきた珍客に、キウチッカの家は村人でいっぱいになった。次から次へと質問をあびせられて、私はいつまでも寝ることができなかった。

## 二月二十五日

サビシビックの部落はシオラパルクよりわずかに家の数が多い。それでもマッチ箱をならべたような部落の光景は少しもかわらない。部落の裏の高台には十字架のならんだ墓地があり、そこにのぼってみると、対岸には海氷がもりあがったようなサット（ブシュナン）島、遠くには、きのう橇を走らせてきたアクリアルサ半島、デ・ドンデシ・フィヨルド、ヨーク岬が見わたせる。

サビシビック島は氷山にかこまれた孤島であった。村人はもちろん全員エスキモーである。カナックで良く見かける白い肌のデンマーク人や、南部グリーンランドに多いブロンドのグリーンランダーは、ここでは見ることができない。私はこれまで南部グリーンランドのフレデリックスホーブ、ホルスタインスボルグ、ソカトプンなどで多くのエスキモーを見てきたが、混血化した彼等とちがって、ここのエスキモーはじつによく日本人と似ていた。

泊めてもらっているキウチッカの妻アートックは、私より二歳年下の美人だが、ザ・ピーナッツによく似ていた。鼻の右横にホクロまであって、見れば見るほど良く似ている。私にエスキモーの歌を教えてくれたのも彼女である。

ヌカッピアガ　ガマ
キイマットガ
ジタトオット　ソーソ
アニ　ザッポガ
ラン　ラン　ラン
アプタンナンゴア　ガマ
ヌッシャイラー

歌っている彼女は、まさにピーナッツがテレビ画面から抜け出してきた感じで、私はこの歌を一夜で覚えてしまった。くわしい意味はよくわからないが、寒い外で雪まみれになって、元気に遊んでいる子供たちの光景をうたった唄だということだった。

午後、私が翌日の出発準備をしていると、ひとりの子供が私を迎えにきた。

「父さんが家にこいって呼んでるよ」

私を招待してくれたのはターツガだった。家のなかではターツガ夫妻と、七、八人の子供、それに九十歳はこえていそうなおばあさんが私を待っていた。

「俺のアナナだ、もうすぐ死ぬよ」

ターツガがおばあさんを指さし、笑いながらいった。

「カッシウキヨ」（何歳？）

「ナロアホイ……アマッタヒウ」（知らない、たくさんたくさん歳をとっている）

とターツガの妻がいった。

「お前に食べさせるために、妻がキビア（小鳥のアザラシづめ）を用意したんだ。さあたくさん食べてくれ」

ターツガの指さすほうを見ると、なるほど腹をぬいあわせたアザラシが一頭ころがっている。皮下脂肪だけを残したアザラシのなかには、黒い羽毛がついたままのアパリアスという小鳥が四百羽ほどつめこまれているのだ。奥さんはかたく凍ったアザラシの腹を裂き、アパリアスをとり出してわたしてくれた。凍ったアパリアスがだんだんにとけていくにしたがって、ブルーチーズのような強烈な臭いが部屋中にひろがってゆく。糞の臭いに似ていないこともない。私はゴクリとのどをならした。これがじつにうまいのである。

私はアパリアスを両手でつつみ、冷たいのをガマンして臓物がとけてくるのを待つ。手でおさえてやわらかくなったところで、アパリアスの肛門に口をあて、手でしぼり出すようにして中身を吸うのだ。ちょうど冷たいヨーグルトのような味の赤黒い汁が口のなかいっぱいにひろがり、なんともいえないうまさだ。中身が終わると羽毛をむしり、皮や黒く変色している臓物、肉と食べてゆき、最後に頭を歯でくだいて脳ミソを吸う。

口のまわりは黒い血でベトベトである。アザラシの皮下脂肪の浸透したアパリアスほど臭いが強く、うまい。私が日本に帰って一番食べたいと思ったのは、鯨の皮でもアザラシの肝臓でもない、このキビアであった。今でも月に一度くらいはこのキビアの夢を見る。

サビシビックのエスキモーたちは、ターツガに続いて次々と私を招待してくれる。二軒目はマッタ（鯨の生皮）、三軒目はまたもやキビアと、私の大好物ばかりだが、さすがの私の胃袋も限度ギリギリである。これでは明日の出発準備もできない。私が腹をなでながらベッドに腰かけていると、今度はオカッパ頭の娘がダンスにさそいにきた。否も応もない。私は娘たちに背中を押され、四軒目の家にはいった。二十人ほどの若者たちが歓声で私を迎えてくれる。

部屋のなかでは音楽がガンガン鳴っていた。ラジオかと思ったが、それはカセット・テープレコーダーであった。

「カー、カー」（さあ踊りましょうよ）

私をさそいにきた娘が、床の上に坐りこんだ私をひっぱりあげる。「パッシナァハ」（私は踊れない）と一所懸命ことわるとなおさら強く引っ張るのでしかたがない。部屋はせまいのに、若い男女がビッシリつまっていて、ステップもなにもあったものではない。ただ抱きあってるだけだ。腹がきつくて立っているのもおっくうなくらいだったが、しかしこうして若い娘に抱かれているのも悪いものではない。

音楽が終わるたびに、相手は次々とかわり、いっこうに私を解放してくれない。日本ではモテた憶えがまったくなかったから、私は妙な自信がわいてきた。ひょっとしたら俺はタイヘンな二枚目なのかもしれないな!?

ある娘は私の耳もとで「アサバキ」(好きよ)とささやいた。私がそしらぬ顔をしていると娘は私の耳たぶを噛んだ。

カナックを出るとき、サビシビックは男より女の数がずっと多いと聞いていたが、それは本当であった。シオラパルクのカーリのように、三人の女にそれぞれ子供を生ませている者もいた。確かにこのサビシビックを取りまく自然環境は、ほかの地域にくらべてかなりきびしい。海水に落ちて凍死したり、流氷にのったまま外洋に出て死亡したりする事故も多いだろう。しかしそれがこれほどの男女人口アンバランスの原因になるものだろうか。

若者たちは、食べた生肉が全部消化するまで踊り続けようというのか、いっこうに終わるけはいがない。

私はちょっと不安になった。アンマサリックでも、シオラパルクでもカナックでも、まず食事ぜめにあい、踊りになり、そして最後は女たちからSEXに誘われる。これはいつもきまった順序であった。こういうと私がいかにもモテそうに思う人もいるだろうが、これはエスキモーの世界がSEXに関していかに自由な世界であるかを示すもので、残念ながら、私が特に二枚目であるからではない。

ひとりならともかく、ダンスの調子で次から次へと襲われたらどうしよう。それに私は彼等が持っているＳＥＸについてのモラルを身につけてはいなかった。さそいをことわるのは、彼女等に恥をかかせることになるのではないだろうか。私はどうしてもそう考えてしまうのだ。

私は延々と踊り続けた朝四時、ダンスの途中で娘の背中にまわした手をおろし、ずり落ちるようにして床にしゃがみこんだ。つまり、仮病を使ってこの場をのがれることにしたのである。

## サビシビックからウパナビックまで

### 二月二十六日

快晴である。キウチッカは私のウパナビック行きをとくにとめなかった。サビシビックの誰ひとりとして行ったことのないコースだから、みな異口同音に危険だとはいったが、とめはしなかった。エスキモー社会では、男が犬を持ち、狩りに出るようになればもう一人前である。村長も忠告はするが、一人前の男にはなにごとも強制することはない。

私はこの日、サビシビックで教わったランナーの手入れをするため、朝八時におき出した。まず橇のランナーをみがき、その上にキウチッカの助けをかりて、小麦粉をといた水に一度ひたした綿布をはった。そしてそのうえから水を何度もぬりつけ、厚さ五ミリほどの氷をつけた。綿布をはりつけたのは、氷だけだと、乱氷につっこんでしまえばすぐはがれてしまうからである。私にははじめての試みだ。この方法は一、二月の寒さの厳しいサビシビックでよく使われているらしい。そういえばカナダ・エスキモーの一部でも、ランナーに泥を塗る方法があるそうだ。これも同じような理由からだろう。

村人たちは部落の端に出て私を見送ってくれた。おそらく彼等は、私がサビシビックへまたもどってくるとは思っていないにちがいない。子供たちは白い息を吐きながら、百メートルほど橇といっしょに走って手をふった。

「グッバイ」「グッバーイ」

「グエナソア」（ありがとう）

犬の方向をきめている間にサビシビックの村はどんどん遠くなる。マイナス三十四度のなかで、エスキモーたちはいつまでも手をふっていた。いよいよウパナビックへの旅がはじまったのである。ウパナビックまで約九百キロから千キロ、いちばん近いウパナビック地区最北端の部落でさえ、ここから四百五十キロある。四百五十キロといえば、東京を出発し、海に沿って名古屋までの距離だ。しかし私の心はおどっていた。チューレ基地を出発し、最後のエスキモーと出会ったとき、私は恐怖と不安で何度も引き返すことを考えたものだが、サビシビックに一度着いてしまってからはすっかり腹がすわってしまい、最終目的地ウパナビックへの出発にはなんの動揺もなかった。なにがなんでも決行の決意であった。

天気は雲ひとつない快晴だ。私はウパナビックの方向にある太陽にむかって、氷山をいくつもくぐり抜け、懸命にムチをふるった。犬はサビシビック滞在中にすっかり元気を回復し、アナウッカの犬も、曳綱をピンとはって元気に橇をひいていた。

この日、六時半まで、四十キロほど進んだところにテントをはる。ナトット半島の沖合約三十キロの地点である。シュラフに横になると、朝方まで踊りあかしたサビシビックの娘たちの顔がひとりひとり浮んでくる。はたして無事にもどって彼女たちと再びあうことができるだろうか。

## 二月二十七日

この日も風ひとつない快晴である。このあたりまでくると、海岸の地形はまったくいりくんでいて、目で地図とくらべても位置をわりだすことはできない。磁石で緯度をはかってみると、七十五度も方向が狂っていることがわかった。

単独行の苦しいところは、地形を見、磁石を使い、方向を修正し、犬に指示を与える、これらすべてを全部ひとりでやらなければならない点である。ちょっと目をはなすと犬はすぐ勝手な方向に走り出してしまう。

出発して四時間もたっていないのに、犬のスピードが落ちはじめた。犬には可哀想だが、ムチにかえて棍棒を使う。いつもたたかれ役のカーウンナの兄弟犬などは、今にも死にそうな悲鳴をあげている。可哀想だが、犬まかせに走っていてはとんでもないことになる。犬たちはおびえ、できるだけ棍棒を逃れようと、内側へ内側へとはいりこむ。

外側に押し出された犬は、私の顔を横目で見ながら、すきを見て内側にはいりこむ。曳綱は、すぐ縄をなったようにもつれ、私は何度も橇をおりなければならなかった。

突然犬が私のいうことをきかなくなった。「まっすぐだ、この野郎、ハクハク」と、いくらどなり、棍棒をふるっても、犬はどんどん右に折れてゆく。犬は白熊の足跡を見つけたのだ。人間の足跡を二つあわせたくらいの大きさで、四本の指の先までがハッキリと雪のうえに残っている。まちがいなく白熊だ。それも三頭。ひとつは小型だから、おそらく親子の白熊だろう。足跡に残っている毛が、新しい足跡であることを物語っている。近くにいる!? 私の胸は高鳴ってきた。足跡は内陸から沖へ向って続いていた。

太陽はまだ水平線のうえにあった。日没まで時間はある。私は白熊を追うことにした。白熊を撃ち倒すのは、エスキモーの男にとって大変な名誉である。その勇気をたたえられるのだ。それに白熊の毛皮は高く売れる。一頭十万円にはなるから、それも魅力だ。私は足跡をたどりはじめた。

犬は鼻をひくつかせながら足跡を追う。私はときどき橇のうえに立ちあがって沖合のほうを見た。白熊は呼吸孔に寄ってくるアザラシを狙って沖に出たのにちがいない。アザラシが呼吸孔から鼻先を出した瞬間を狙って一撃を加えるわけだが、その腕力は驚異的な強さである。ライフルの一撃がはずれたら、私などひとたまりもないだろう。

追いはじめて一時間過ぎたが、白熊の影はまったく見えない。おまけに足跡は乱氷群につっこんでいて、橇で越えるのは大変な作業だ。二時間過ぎ、三時間過ぎ、太陽は次第に水平線に近づいていた。これ以上四百キロの荷をつんだ橇を走らせるのは無理だ。それに冷静になって考えてみると、私の大目標はウパナビックまでの単独犬橇旅行であり、白熊撃ちではない。ちょっとした片手間でできるならばともかく、相当な覚悟をきめなければならないとあっては、無理することはない。私は白熊を追うことをあきらめ、進路を南にかえた。

太陽が沈んでからも二時間ほど走り、六時過ぎにテントをはった。今日はいつもより慎重に白熊にそなえた。テントの入口から見える二十メートル先にアザラシの肉をおき、テントをとりかこむように犬を配置して、ライフルを手元においた。

昼間の強気な気分はまったく消えうせ、氷の割れるバーンという音にも、白熊ではないかと飛びおき、テントの外をのぞいてねこんでいる犬を見ては安心するのだった。

**二月二十八日**

快晴、南東の風、気温マイナス四十二度。磁石で目標の氷山をさだめ、海氷上を南進する。今日は非常に寒く、鼻先の凍傷が痛くて我慢できない。

**三月一日**

今朝はテントのバタバタはためく音で目がさめた。きのうの夕方は太陽が赤く色づき、今日の天気を保証してくれたと思ったが、強い風である。入口からのぞくと、昨日は確かすぐ近くにあった、丸ビルよりも大きいテーブル状の氷山の姿が見えない。ガスがあたり一面をおおっているのだ。テントから二十メートルしかはなれていないアザラシの肉も見えない。見えるのは丸く死んだようになってねている犬と、吹き抜ける雪だけである。

サビシビックを出てから、最初の村ゴットソアまで、まだ半分もきていない。強風をついてでも南進したほうがいいのか、それとも天気の回復を待つのがいいのか。しかし私の心はすぐきまった。というのもこのテントの地点は陸地から百キロ以上も沖合に出たバッフィン湾のなかにある。このままここにとどまっていると、グリーンランド内陸から吹き出す強風で海氷が切り離され、流氷となってさらに沖合に押し出される危険がある。私はシオラパルクの老人たちから、内陸から強い風が吹きはじめたら、沿岸へできるだけ早く避難するように何度も忠告を受けたことを思い出した。

強い風は何度もテントのフレームを倒そうとする。一刻の猶予もできない。私はすぐ行動を開始した。ブリザードのなかでの行動は危険であったが、それでも流氷に押し流されて死ぬよりはずっといい。

私はまず、鼻の凍傷の対策を考えた。鼻先の凍傷は炎症をおこし、水ぶくれはとうにやぶれて地肌がむき出しになっている。強い風があたると我慢できないほど痛い。私は考えたすえ、トナカイの毛皮で風よけをつくることにした。トナカイの毛皮はアザラシにくらべ、毛が長くやわらかいので、直接肌にふれてもさほど痛くない。私はさっそくトナカイの敷皮を切り取り、四角と三角のマスクを二つつくった。要するに鼻あて用マスクだ。

九時、ブリザードの吹き荒れる外に出た。雪にうもれたテントを掘りおこし、ランナーに水をかけて凍らせる。凍りついた曳綱をほどいたり、荷をつみこんだり、出発準備が完了するまでに二時間もかかってしまった。

方向を東にとり、風に向って出発した。視界はまったくきかない。目標にすべき氷山も見えない。ただ風の向きと磁石だけが頼りである。犬は風に向って走るのをいやがった。ちょっと目を離すと風下に向って走り出す。

鼻用のトナカイマスクは調子がよかった。強い風を顔にまともに受けても、凍傷は少しも痛まない。しかし一時間もたたないうちに、鼻息の水分が凍りはじめ、それがツララとなってたれさがって、アメリカン・フットボールのマスクのようになってしまった。もうひとつのマスクにかえようと思ったが、出発のとき内側のヤッケのポケットにいれてしまったので、とり出すことができない。私は右手にムチを持ち、左手で鼻をおおって橇を進めた。

犬は悪戦苦闘していた。私もはげしい風のなかでは方向をきめるのがせいいっぱいで、手袋のかげから横目で犬を見て、「アッチョ」とか「ハクハク」とか怒鳴るだけだ。時計の金属バンドが冷え切って痛く、手もまったく感覚がない。私は何度も睾丸をにぎって手をあたためた。

雪まじりの強風をまともに受け、顔を真白に凍らせた犬にも、橇をひく力に差が出てきた。リーダー犬のコンノットや、サビシビック寸前で事故をおこしたアナウッカの犬は、尾をさげ、頭を低くして懸命に引いているのに、カーウンナの兄弟犬、耳をかみ切られているトウーチェ、カコットなどは、ムチが当たらないとさっぱり橇を引こうとしない。チラチラ横目でこちらをうかがいながらサボっている犬を見ていると、腹がたってくる。

「コラ、食料がなくなったら、真先にお前たちを殺して食べてやるからな、覚えてろ、このろくでなし、バカ、走れ」

いつもなら、一時間か二時間ごとに犬を休ませるのだが、今はとてもそんな余裕はない。はやく沿岸にたどりつかなければ……私は三時間、四時間と風に向って走り続けた。しかし走れども走れども岸は見えない。視界がきかないからどこを走っているのかもわからない。目にはいるのは、出発したときとかわらない氷、氷、氷である。怒鳴りちらしていたのでノドもかわいてきたが、こんなブリザードのなかではコンロに火をつけることもできない。

私はただひたすら走り続けた。

夕方、ガスがきれはじめ、海氷に点在する氷山が見えるまでに視界がひらけてきた。

ブリザードもやみ、それまで激しく地をはっていた雪も動かなくなった。そして暗くなる寸前には、念願の海岸の岩場が見えてきたのである。私は「助かった」と思った。やっと沿岸まで数十キロの地点までもどったのだ。もう流氷に乗って流されることもないだろう。それまで夢中で気にならなかった鼻の凍傷が再び痛みはじめた。それは鼻から左側のほおにかけて大きくひろがっていた。

**三月二日**

海岸にそって再び南に進路をとる。海氷のうえには昨日のブリザードで二、三十センチも雪がつもり、橇は雪のなかに深くくいこんで、砂のうえを走っているようだ。犬が日一日と疲労していくのが見ていてよくわかる。背骨がゴツゴツと出てくるのだ。天候は回復したようだ。

**三月三日**

この日、またもや視界のきかない地吹雪で朝を迎えた。半分まできたとは思うのだが、こう視界が悪くては、位置を確定することもできない。推定ではトクトリヒヤ半島に近づいているはずなのだが、点在するはずの島影はまったく目にはいらない。

食料の残りはアザラシ一頭、どう倹約してもあと三日ともたない。石油コンロは昨夜からノズルの調子が悪く、なんども途中で消える。石油はまだ十日分くらい備蓄があったが、コンロの予備はなかった。こうなったら地吹雪でもなんでも、ただ前進あるのみだ。

トナカイの鼻マスクをつけ、予備を首からつるす。犬の疲労を考えると、少々作業が面倒でも、ランナーに氷をはらねばならない。

九時半、再び風に向って出発した。

アナウッカの兄弟犬があまりにも走らないので集中的にムチをあてる。犬は五十メートルとまっすぐ走ってくれない。途中一度犬がランナーの跡を見つけ、私もエスキモーの橇の跡かととびあがったが、それはなんと私が前につけたランナーの跡であった。リング・ワンダリングをやっていたのだ。日本の冬山でも、吹雪で視界がきかないときなどに行動すると、ちょうど大きな円を描くように、ぐるぐる同じ所を歩きまわって、ついには遭難することがある。気をつけなければならない。それにしても、なぜこんなことになってしまったのだろう。磁石がバカになったのだろうか。私は焦りと不安で目の前が真暗になった。

暗くて磁石の針が読めなくなってテントをはった。犬はやせおとろえ、足元もヨロヨロしている。残る一頭のアザラシの頭を十二頭の犬にあたえる。残るは二日分しかない。このずれは次々と犬を殺し、数頭にひかせなければならない状況がくるかもしれない。この広いメルビル湾で遭難することは即、死を意味する。アムンゼンやスコットが南極点に向ったときは、帰りにそなえて雪塚をたてていた。私も遭難にそなえ、そうすべきだったのかもしれないが、単独行ではとてもそんな余裕はなかった。

地図をひろげ石油コンロのあかりで今日の走行距離と明日のコースを検討する。今日はガスと強風のなかを八時間走った。途中何度も犬をとめたし、スピードもにぶっていたから、最高にみても四十キロから四十五キロほどしか走っていないだろう。

今日も犬の胴バンドが切れた。胴バンドは犬の汗で凍りつき、ガラスが割れるように簡単に折れて切れた。多いときには一日四頭ものバンドが折れ、修理が間にあわず、曳綱をじかに犬の首にまきつけて走ったこともあった。

**三月四日**

昨夜寝る前に神に祈ったせいか、今日は風もガスもなく、南の空はみごとに晴れわたっていた。遠くには内陸氷河が海に落ちこんでいる様子や岩壁などが、ハッキリと見てとれた。私の推定位置はほぼ正しく、やはりトクトリヒヤ半島の手前まできていたのだ。しかし人の住むあたりまではまだ百七十キロから百八十キロある。しかし現在位置を確認できただけでも心強い。

相変らず犬たちは疲労している。カーウンナのなまけ兄弟が相変らずなので、この二頭の曳綱を短くして、集中的にムチをあてた。犬はキャンキャンと悲鳴をあげる。こうするとほかの犬もムチを恐れ、一層つよく橇をひくようになるのだ。彼等には可哀想だったが、この方法は成功し、犬は思ったより力強く橇をひいた。おかげで行程は予定以上に進み、出発してから三時間半でトクトリヒヤ半島の突端にとりつくことができた。トクトリヒヤというのはトナカイという意味である。サビシビックの老人たちは、昔よくここでトナカイを撃ったと話してくれたが、植物もない岩のゴロゴロするだけのこんな半島にはたしてトナカイがいたのだろうか。橇のうえから何度もジッと目をこらして見たが、動物の動くけはいはまったくなかった。

雪のない海氷のうえでアザラシの呼吸孔を見つけ、十五分ほどライフルを構えて待ったが、アザラシはついに寄ってこなかった。

半島を過ぎるとまた深雪に悩まされた。犬は深々と雪にうまり、私も橇をおりてラッセルして歩かなければならなかった。犬たちも兄弟犬の悲鳴くらいではもう走らない。

トクトリヒヤ半島に並んで、セルマーサック氷河が三、四十キロにわたって海に落ちこんでいる。その付近は氷山が乱立し、南への進路は完全に妨げられた。間をぬって走るので、まるで迷路のなかを走っているようなものだ。私は何度も袋小路につきあたり、引き返さなければならなかった。ときには大きな氷のブロックがうえから降ってくる。直撃をくらったらひとたまりもない。おまけに氷山と氷山の曲り角にくると、白熊とバッタリ鉢合わせなんてことにならないともかぎらない。そんなときには犬を先にやり、私はそのあとからライフルの引金に手をかけて恐る恐るついていった。

いつしか星がまたたきはじめた。出発してからすでに十時間、もう八時を過ぎている。私はすっかり疲れはて、氷の落ちてくる危険のない氷山と氷山の間にテントをはった。犬の食料はもう明日の分しか残っていなかった。私の食料もビスケットが八枚しか残っていない。しかし石油はまだタップリある。食料はつきても暖房はとれるし、食料にもなる犬がまだいる。野垂《のた》れ死にすることはまずあるまい。

キツネのアノラックのすそが破れ、修理しなければならなかったのだが、テントのなかにはいると、一日の疲れがドッと出たのだろう、私はいつの間にか寝こんでしまった。

## 三月五日

昨夜はテントにはいってすぐ寝てしまったので、今朝は朝六時に起きだし、出発準備におわれた。靴をほしている間に今日の行動を検討してみる。まず昨日ついに抜けられなかった氷山帯から、一番安全に抜けるにはどうしたらいいか。私は昨日のコースを引きかえし、いったんトクトリヒヤ半島に出て、氷山帯の沖合をまわったほうが良いと考えた。多くの危険を承知でこの氷山帯に突入するよりも、一日のロスになるかもしれないが安全な道を選んだほうが良い。いったんもどっても、残りは百五十キロである。これは何度も経験したシオラパルク——カナック間の往復距離よりも短いのだ。

この計画は思ったよりもうまくいった。もどる途中で、昨夜は気付かないで通りすぎた沖合へ抜ける道を発見したのだ。幸運だった。しかし犬は相かわらずで、私ひとり乗るだけでも立ち往生するほど疲れていた。

地図のうえではセルマーサック氷河の先には島がある。しかし氷山帯を抜けても島影はどこにも見当らず、昨日通過した半島がはたしてトクトリヒヤ半島だったのかどうか怪しくなってきた。とすると今いるここは、地図のどこなのか。不安がどんどん大きくなった。

しかしここでためらってもしかたがない。あとはできるだけ石油を節約することだ。私は犬たちを殺して食料にすることを真剣に考えはじめていた。

アムンゼンの南極旅行でも、橇の重量が減って不要になった犬はステーキやカツにして食べた。彼はこれを計画のなかにおりこんでいたのだ。しかし私にそれができるだろうか。これまで忠実に働き、私を見て尾をふってなついていた犬を、殺すことができるだろうか。私はそんなことにならないよう、力いっぱい走ってくれ、とへばっている犬を見て祈るばかりであった。

しかしその心配は不要だった。太陽が沈むころ、探し求めていた島影がヒョコッと目の前に姿をあらわしたのだ。頭をわずかに出している程度だったので、遠くからでは目にはいらなかったらしい。私のとったコースは正しかった。

夜九時、ついに犬たちは一歩も歩けなくなってしまった。私が先に立って歩いても、ついてこない。私はテントをはった。さすがに一日十二時間の行動はきつい。テントにはいると一日の疲れがドッと出て、白熊におびえるひまもなく、すぐに寝こんでしまった。

## 三月六日

自分のとったコースが正しかったことがわかったので、今朝は心に余裕があった。このところ忘れていた気温をはかる。マイナス三十六度あった。今日はうれしいことがあった。点在する島を三つほど越え、アムドラップ島の手前まできたとき、橇のランナーの跡にぶつかったのだ。ここでやっと忘れていた人の臭いにぶつかった。二日前、氷河のなかに迷いこんだときは、このまま死んでいくのではないかと、力も十分に出なかったが、いまは、走り出したいほど足は軽い。気持のもち方ひとつで、身体の動きはこうもちがうものか。

この日は七時間ほど走っただけでテントをはった。もちろん寒さが厳しかったからでもあったが、これまで忘れていた写真を何枚かとっておこうと思ったからである。犬の調子が悪く橇がいっこうに進まないときは、橇の重量をできるだけ減らすため、私は何度もカメラを捨てようと思ったものだ。それも今となっては夢のようだ。

## 三月七日

今朝は雲が空をおおっていて、昨日よりもずっとあたたかい。気温をはかってみるとマイナス二十四度しかなかった。ゴットソアまであと四十キロもない。犬たちはもうまったく疲労困憊《こんぱい》しているのだろう、曳綱を結びつけてもビクとも動かない。最初死んでいるのかと思ったが、ムチを鳴らすと頭をもたげ、ノロノロと私のあとについてきた。昨日見つけたランナーの跡に橇をのりいれると、けっこうスピードがあがる。しばらく進むうちに、ランナーの跡は次第にその数を増していった。もう完全にゴットソアの狩猟圏内にはいったのだ。島の端の氷の割れ目には、カッシュチ（アザラシ狩りの網）も見つけた。ゴットソア島の近くまでくると、犬も人のけはいを察したのだろう、昨日とは見ちがえるばかりの走りっぷりだ。

私もなんとなく落ち着かない。三カ月以上も洗っていない身体、指紋の形どおりに垢がしみこんだ指、これではとても恥かしくて、ゴットソアのエスキモーにあえない。私は走る橇のうえから手をのばし、雪をひとつかみとりあげると、垢まみれの手にこすりつけた。雪は体温でとけて、真黒な液体となり、白い雪のうえに落ちる。ついでに顔も洗う。以前にシオラパルクで、エスキモーから「ナオミは臭い」といわれたことがあったが、やっとたどりついたゴットソアでそんなことはいわれたくない。アノラックの袖をまくりあげて臭いをかいでみたが、別になにもにおわなかった。

橇のうえではつい鼻歌が出る。島の最後の出張った岬をまわりこもうとしていると、突然目の前に犬橇があらわれた。サビシビックを出て十一日目、はじめて見る南部グリーンランドのエスキモーだ。身体にふるえがくるほどうれしい。

「グッダー」

「グッドモーン」

私たちはしっかりと握手をかわした。やっぱり人間はいい。

「ワガ、チキッポ、シオラパルク」(シオラパルクからきた)

というとニヤニヤ笑いかえしてくる。しかし私の言葉が通じたようにも見えない。ときどき首をかしげている。

「ワガ、チキッポ、チューーレ」

「……チューレ?……」

エスキモーは早口でまくしたてているが、私にはさっぱりわからない。極地《ポーラー》エスキモーにはない強いアクセントを持ったしゃべり方である。

「ワガ、カムチガ、シオラパルク、カナック、チューーレ、サビシビック、アンマ、ゴットソア」(私は犬橇でシオラパルク、カナック、チューーレ、サビシビックを通り、このゴットソアにやってきた)

これでやっと私のいっている意味がわかったらしい。エスキモーたちは目玉をグルグルさせて、もう一度私の手を強く握りしめた。

「イッテ、カナダミ？」（お前はカナダ人か）
「ワガ、ジャパニミ」（いや日本人だ）
相手はけげんな面持ちである。チューレ地区とこのウパナビック地区とはまったく言葉がちがっていて、北部滞在中には日常会話に困らなかった私でも、ここではさっぱりであった。彼等がカナダ・エスキモーと信ずるのも無理はなかった。この後、白熊狩りに出かける三人の若者たちにもあったが、やはり私がいくら説明してもカナダ・エスキモーだと信じて疑わなかった。
ゴットソアの部落は、海岸の斜面にあった。赤、青、黄などのペンキで塗りたてた、マッチ箱のような小屋が点々と建っている。私はあっという間に子供たちにとりかこまれた。子供たちは口々に「カナダ人がきた」とさけんでいる。私は子供たちに「グッダー、グッダー」と声をかけながら、涙が出そうになった。大人たちも家々からとび出してくる。
チューレ地区とここでは、同じエスキモー語といっても、熊本弁と東北弁くらいの差がある。私が一所懸命に説明しても、ここでも私はやっぱりカナダ人ということになってしまった。しかし言葉はかわっても、チューレ地区と同じようにエスキモーは親切であった。私は好意にあまえ、この村の政府直営販売所に働く、村長格のヨルヘン・ニルセンの家に泊まることになった。
歳は四十歳くらい、下腹のつき出たニルセンは、この村でただひとりの白人グリーンランド人であったが、妻はエスキモーで、家には九人の子供がいた。

私がとりあえずやったことは、犬たちにニルセンからもらったオヒョウの肉を与えることだった。よく頑張ってくれた。犬たちは脂肪分の多いオヒョウの肉をむさぼり食べていたが、すぐに酔っ払ったようなトロンとした目になり、横になってしまった。

私はあたたかい家のなかで、十一日ぶりに肌を出し、大の字になって寝た。白熊におびえ、海氷の割れる音に神経をとがらせていた昨日までが、まるで夢のようだ。まさに天国である。しかしなによりもうれしかったのは、ニルセンの娘たちのもてなしだった。この日ばかりは厳しい旅を終えた安堵感があったのだろうか、娘たちのさそいに理性を押えることができなかった。

**三月八日**

朝六時頃、いつものように目がさめた。しかしここはもうテントのなかではないのだ。寒さにふるえながら石油コンロに火をつける必要もない。私はザコ寝している娘たちの軽いいびきを聞きながら、暗い家のなかで物思いにふけった。

もう一カ月以上たっていた。イヌートソアとナトックはどうしているだろうか。シオラパルクを出てから、一刻も早くウパナビックに着いて、また日本の友人たちはどんなに心配していることだろう。一刻も早くウパナビックに着いて、みなに無事成功の連絡をとりたいものだ。

このゴットソアからウパナビック間には、多くの島が点在し、半島が細長くせり出していたりしているから、かなり回り道をしなければならない。四百五十キロから五百キロであろうか。ニルセンによればこのルートは雪が多く、潮の流れもはやくて氷も薄いという。このゴットソアに着いたからといってひと安心というわけにはいかない。しかしウパナビックまでの間にはいくつかの部落があるから、サビシビック――ゴットソア間のようなことにはなるまい。

私はとりあえずゴットソアに二、三日滞在し、犬の体力の回復を待つことにした。

このゴットソアの一部には電気もあり、デンマークの家と変らない立派な家もあったが、北部のエスキモー部落にくらべて、一般に生活水準は低いように思われた。チューレ地区なら完全に廃屋になっているような家にエスキモーたちは住んでいる。生活品にしても、私が橇につんだもののほうが多いくらいだ。

シオラパルクの主食は、アザラシ、セイウチ、鯨の生肉だったのに、ここではカルアリ（オヒョウ）が主食である。もちろんアザラシ、鯨も食べるのだが、あまり量がとれないので、どこでもとれるオヒョウがそれらにかわっている。アザラシは一軒で五日に一頭くらいしかとれないが、オヒョウは一日釣りに出れば、一週間分以上、一メートルもあるのが二十尾以上も釣れる。ここの生活水準が低いというのも、アザラシがとれないということに関係があるのかもしれない。アザラシならばその毛皮を政府直営販売所が買いあげてくれるからだ。

チューレ地区ではどこでも見られる肉貯蔵用のヤグラも、ここでは見られない。家の屋根がヤグラがわりでオヒョウが山づみしてある。犬のエサとしてのアザラシとオヒョウのちがいは、犬を見れば一目瞭然である。ここの犬は小さいばかりか、毛のつやがえらく悪い。私の犬はあまり質の良くない、寄せあつめの犬たちだったが、それでもここの犬にくらべれば、毛のつやも良く、足も太く貫禄十分に見える。ここでは犬ばかりでなく、すべてがチューレ地区と異なっている。チューレ地区の靴は白いアザラシ靴が主体だが、ここでは黒く、ぬい方もちがう。形にしても北部地区のほうが保温に気を配っているせいか大きく、ゆとりを持ってつくってある。女たちの正装にしても北とはちがっていた。ここでは首のまわりにビーズ玉をぬいつけた衣装をまとい、アザラシ皮のズボンと、ししゅう入りの靴をはくが、北部地区では、色シャツにキツネのパンツをはき、股下まであるアザラシの長靴をはく。靴にししゅうはない。ここのエスキモーたちは、十九世紀末カナダから渡ってきた北部エスキモーと、かなりちがう文化を持っているようだった。

ここについてから、私の犬たちはオヒョウをタップリ食べたせいか、まだ背骨が出てやせてはいたが、かなり元気を回復してきたようだった。いつまでもノンビリしてはいられない。私は最終目的地のウパナビックへ出発しなければならない。

## 三月十一日

この日、世話になったニルセンに、カメラのストロボとフィルム十本、奥さんにはネッカチーフを贈って出発する。次の村カルサンヌまで百キロの道のりである。深雪が予想されたので、犬の食料には軽いオヒョウの肉をつみこんだ。天気はホルム島をまわりこんだあたりから雪にかわり、視界がきかなくなった。地図と磁石を頼りにすすみ、午後八時過ぎ、イヌグスリック海氷上にテントをはる。犬はオヒョウのせいだろうか、また下痢がひどくなった。

## 三月十二日

吹雪で明ける。マイナス二十四度と気温は高い。しばらく天気の回復を待ったが、午後になっても回復しそうにないので出発することにした。

磁石を頼りに、十メートル先も見えない吹雪のなかを進む。休養十分のはずなのに、犬たちはさっぱり走ってくれない。ボス犬のコンノットは爪の先から血を流しているし、アナウッカの犬はエサのとり合いでかまれた足をひきずっている。どいつもこいつも私の気持に反してストライキをやっているようだ。

視界のきかない海氷上を走るというのは不安なものだ。何時間走っていても、まったく同じところを走っている錯覚をおぼえる。カルサンヌの手前のヌッソア半島が見えてもいいのだが、それも確認できないままテントをはる。今日は五十キロから六十キロは走ったはずだ。

## 三月十三日

朝六時、テントの入口から外をのぞくと、黒い影が目にはいってきた。ヌッソア半島である。昨日は視界が極端に悪かったので、目にはいらなかったのだ。寒暖計を見るとマイナス十六度、計りまちがいではないかと思うくらい気温が高い。テントから出ると無気味なほどあたたかく、海氷上にテントをはっているのが恐ろしくなった。犬をたたき起してすぐ出発する。

犬は相変らずだが、地形をこの目で見ながら走れるから心強い。

しかしヌッソア半島の手前の島々にあと四、五百メートルと近づいたころ、雪が急にやわらかくなった。犬は一刻も早く陸にあがろうと夢中になって走っている。そのとき突然先頭を走っていたコンノットが、ガクンと雪のなかにめりこんでしまった。

危ない!!

私は背筋がスーッと寒くなるのを感じた。海氷上の犬橇旅行ではもっとも危険な海水に落ちこんでしまったのだ。マイナス十六度という異常な高温に、出発したときから気をつけてはいたのだが、まさかこんなところに海が口をあけていたとは……。表面が雪におおわれていたので気がつかなかったのだ。雪まじりの海水にめりこんだ橇は、方向をかえることもできない。橇からおりると長靴はひざ近くまでもぐり、海水がゴボゴボとわきあがってくる。

幸い十五メートル先に堅い雪が見える。方向をかえることができないから、いまはこのまままっすぐ橇を進めるしか方法はない。私は血が逆流する思いで夢中で犬を追いたてた。犬は腹まで海水まじりの雪に埋まってもがき、橇は徐々に雪の中にめりこんでいく。しまったと思ってももう遅い。橇は水たまりの中ほどまで来ているが、犬たちは首をもたげてもがくばかり。橇のうえの荷にも水がつきはじめた。私は立ちあがって犬をどなり散らし、地団駄を踏むだけである。

橇は堅い雪の地点まであと四、五メートルに迫っていた。しかし私はすでに身体が濡れてもしかたがないと覚悟していた。トランクのなかにある着替え、コンロ、石油、マッチ、テントなどをむこうの堅雪のうえにほうり投げ、自分は泳いで渡ろうと決意したのだ。だが異常にあたたかいとはいえ、マイナス十六度、はたして身体がもつかどうか。それでもこのままここで沈むのを待つよりはましだろう。

ところが私が石油コンロをとり出し、テントを結びつけているひもをほどきはじめたとき、先頭のコンノットがやっと堅雪にたどりついた。続いて二頭、三頭と犬たちは堅雪のうえにはいあがる。犬たちもホッとしたのだろう。雪のうえにあがると橇をひこうとはせず、グッタリしたままだ。しかしこのままでは橇は沈んでしまう。ノンビリとはしていられない。私は鉄棒を犬たちに投げつけ、懸命に追いたてた。橇の先端が堅雪にふれたとき、私はこれで助かったと思った。

私はイミーナ老人から、南部は雪が多く、海があらわれているから注意しろと忠告を受けていたし、またニルセンからもゴットソアのエスキモーたちからもそういわれていた。

しかしサビシビックからゴットソアまで、十一日間の厳しい旅行をやりとげたという自信が、カルサンヌまでの百キロを甘く考えさせていたのだろう。私は反省した。北では白熊、乱氷、氷山の危険、南には海水への落下の危険、それぞれその地域々々に特有の危険はあるものだ。いままで言葉できかされていた危険を、今日ばかりは身にしみて感じたのだった。

これ以後、ニルセンの教えてくれたヌッソア半島の山越えコースがちがっていたりしたせいもあって、私がカルサンヌの村についたのは夕方六時過ぎであった。普通なら三時間の山越えに十時間半もかかってしまったからである。

## 三月十四日

カルサンヌの部落ではフィン氏の家に世話になった。三年前ここにやってきたフィン氏は船を持ち、エスキモーを使って鯨やアザラシをとって生活しているデンマーク人である。白人にしては犬を十二頭も持ち、ムチさばきもエスキモー以上の腕を持っている。奥さんは政府の病院を管理していた。病院といっても、電気とわずかな医療品があるだけの簡単なものである。

はじめはこの日すぐ出発しようと思っていたのだが、犬がまだ本調子ではなかったので、出発は延ばさざるを得ない。なかでもカーウンナ兄弟のうちの弟犬は、アザラシ肉もまったくうけつけず、今日一日もつかどうかわからない状態だった。背中をまるめ、ヨロヨロといまにも倒れそうで、糞をたれ流し、よだれもとまらない。私は目の前で死なれるのはつらかったので、引きとりたいというエスキモーにゆずってやった。私はてっきり家のなかにでもいれて介抱し、犬橇用に使うつもりなのだろうと思っていたが、それはとんでもないまちがいだった。しばらくしてダーンという鉄砲の音がしたかと思うと、カーウンナの弟犬はあっという間に皮をはがれ、喰われてしまったのだ。そして夕方までには皮となって家の前にぶらさげられた。長らくシオラパルクから行をともにしてきた友を殺され、私はなんともやりきれない気持だった。(帰りに再びこの部落に寄ったとき、カーウンナの弟犬は、エスキモーのアノラックに化けていた。)

## 三月十六日

曇りのち雪。マイナス十八度。この日、次の部落ヌターミュに向けて出発する。

百三十キロの道のりだ。幸い犬橇のトレースが残っているので、方向に気をとられる必要もなく、犬まかせの走行。カーウンナの兄犬を見ていると、心なしかさびしそうで可哀想になる。

この日十一時間で六十キロ走り、トゥグトクトック島の海氷上にテントをはる。

**三月十七日**

快晴。晴天になると気温は急下降し、マイナス三十四度までさがる。気温が低くなると、橇のすべりは悪くなるが、一方では海氷がしまって安定してくるので、気分的にはかなり楽である。

峠のうえに出ると海氷上に点々と島影が見える。その向うに目的地のウパナビックがあるのかと思うと、胸がワクワクする。私の単独行もすでに秒読み段階だ。ここでカメラをとり出し、三脚をたてて記念撮影をする。この日ヌターミュに入る。

**三月十九日**

ヌターミュを出発し、テシウサックの部落を通ってインナース部落へ向う。ウパナビックが近づくと、さすがに犬橇の跡も多くなり、何度もオヒョウ釣りのエスキモーたちに出会う。テシウサックを過ぎて、きりたった岩壁の下を走っていると、付近の部落を訪問してまわる学校の先生と牧師に会った。白い肌と青い目のデンマーク人である。こういう人たちに出会うと、いよいよウパナビックも近くなったと思う。

## 三月二十日

橇が南進するにつれ犬橇のトレースが多くなり、ウパナビックに近づいていることを知る。犬は部落につくたびに、腹いっぱいオヒョウを食べているので、連日の走行にもかかわらず、調子がいい。橇を走らせながら石油コンロを焚き、雪をとかしてコーヒーを飲む。これまで厳しい旅が続いていただけに、こういうノンビリした旅は格別の味だ。

せまい島を通りぬけると、小さな部落が目にはいってきた。地図にナーヤ部落と書いてある。部落といっても、シオラパルクのわが家ほどの貧弱な小屋が五軒ほど建っている小さなエスキモー部落だ。私が通りすぎながら手をふると、窓から手をふってくれる。

ウパナビック・フィヨルドをわたり、アピレット島に近づくと、海水から湯気が立ちのぼるのが目にはいった。低い気温で、凍っていない海水から霧が激しいいきおいで上昇しているのだ。この付近は氷がうすい。橇の重みでゆれる海氷上を恐る恐る走る。スケートでもできそうな青氷で、厚さは十センチとないだろう。ここまできて海水に落ちこんでは元も子もない。それこそ水の泡となってしまうから、慎重にならざるを得ない。時間はかかるが、安全を期して三十メートルばかりの山越えルートをとった。山のうえに立つと、すぐ反対側の海辺にアピレットの村が見えた。ウパナビックは、ここから三十キロである。しかしアピレットの海辺は百メートルほどが凍りついているだけで、あとウパナビックまでは、オープン・シーだ。ウパナビックにゆくにはどうしてもここを渡らなければならない。明日はうまい具合に氷がはりつめてくれるだろうか。私は不安になった。

アピレットの村ではアベール・ハウセンの家に世話になった。どこへ行っても、エスキモーたちは見ず知らずの私を笑顔でむかえてくれる。アベールによれば、明日もこのまま気温がマイナス三十度をこえていれば、ウパナビックへ行くのは不可能ではないという。彼は海水面をさけ、フィヨルドを大きくまわりこんでゆくルートを地図のうえに書きこんでくれた。

**三月二十一日**

昨夜はアベールと息子の寝息をききながら、ウパナビックを目前にした興奮でなかなか寝つかれなかった。胸のうえに手を組み、シュラフにもぐっていると、腕時計のチクタクという音がやけに耳につく。

朝七時半、まだ皆は寝ていたがひとりだけ起き出し、天気を見るために家のドアを押すと、冷たい外気がどっとはいりこみ、家の中には湯気がたちこめる。空には星が一面にかがやいていたが、南東の空がわずかに薄あかるく、夜明けの近いことを知らせていた。家の前のオープン・シーからは湯気がモクモクと立ち昇っている。寒暖計をとり出してみると、見る間にグングンさがり、マイナス三十三度の目盛りのところでとまった。昨日より二度高い。だがこれだけさがっていれば、海氷のほうはまず心配ないだろう。

私は出発準備にとりかかった。まずアベールの妻のカーリが、昨夜寝る前にほしておいてくれた靴や手袋をていねいにもむ。物音で目がさめたのだろうか、カーリも起き出してきた。

「グッモーン、ナオミ、オッドミ、ウパナビックミ」（おはよう、今日はウパナビックへいくの?）

「そうなんだ、夕方には帰ってくるよ」

「シダ、アエンギラック」（天気がいいね）

「イイ（うん）、気温は三十三度もあるから状態はよさそうだよ」

彼女はストーブに石炭をくべ、私の手からカチンカチンの靴をとってもんでくれた。今日はどうせまたここにもどってくる。私は橇の荷物を全部アベールの家にあずけ、非常用テント、石油コンロ、カメラだけを持った。

いよいよ最後の出発である。アベールは再度地図でルートを確認し、犬を誘導してくれた。

「いいな、ここをまっすぐ横切って、あの島をまわりこむんだ。今日中に必ず帰ってくるんだぞ。気温があがってくると、氷がゆるんで帰れなくなってしまうからな。どんなに遅くなってもいいから今日中に帰るんだ。わかったな」

「グエナソア、いってきます」

海氷は新しく、青く光っている。犬は快調だ。犬だって軽い橇がうれしいのだろう、時速二十キロのスピードで疾走している。その橇からわずか五十メートルのところには、海が顔を出し、湯気がモクモクとたちのぼっていた。こんなところで落ちこんでは元も子もない。私はなるべく海水面からはなれて犬を走らせた。途中何度もエスキモーたちと出会った。そのたびに彼等の聞くことはきまっている。

「どこからきたのか？」

そして私が「チューレから」と答えると、あとは質問の矢が雨あられと降ってくるのだ。私が日本人だというと、彼等はますます混乱し、いっこうに私を解放してくれない。こうたびたび途中でひっかかっては、今日中にアピレットにもどれなくなる。それからは私はエスキモーにあってもなるべく橇を止めず、手をふって「グッモーン」とあいさつだけして去ることにきめた。

私ははじめウパナビック到着の手紙を、ウパナビックの郵便局で書いて出そうと思っていたが、帰りのことを思うと、三十分といえどももったいない。幸い橇は平坦な氷のうえを走っていたので、私は便箋をとりだし、橇のうえで六通ばかり手紙を書いた。マイ

3000キロ折り返し点ウパナビックでの記念撮影

ナス三十三度の外で、それも犬橇のうえで手紙を書くなど、めったに経験できることではない。

午後二時過ぎ、ウパナビックの町の全容が見えてきた。積み木を重ねたような赤、緑、青と色とりどりの家が、海岸から丘にむかって点々とのびている。さすがにシオラパルクやゴットソアとはくらべものにならない規模である。雪に埋れた道には自動車さえ走っていた。——やっとウパナビックに着いたのである。ここがこれまで全生命をかけて目指したウパナビックなのだ。そう思うと、私はどうにも涙を押えることができなかった。二月四日、前途に大きな不安をいだきながらシオラパルクを出て、ちょうど四十六日目であった。

私はすぐ町のなかほどにあるポリスにゆ

き、パスポートにスタンプを押してもらってからウパナビック到着の電報をシオラパルクにうった。

しかし、とにかく時間がないから、ノンビリと到着の感傷にひたっているわけにはいかない。私は販売所でリンゴとビスケットとポテトチップ、クリームとジャムのパン、コカコーラなどを買って、午後四時ウパナビックをあとにした。橇の上で食べたリンゴは、これまで食べたどんなリンゴより何倍も何倍もうまかった。

# 復路の食料危機

## 三月二十五日

いよいよチューレへ帰る日がやってきた。アピレットに四日間も滞在してしまったのは、ウパナビックへの往復で犬がまた調子をくずしたからだ。半分近くの犬がツメの間から血を流し、やせこけて、走る格好は内股。なんとも頼りない。それにもうひとつ、帰りの食料も調達しなければならない。私は村の販売所から、四百メートル束の麻糸二つと百本の釣針、一枚のトタン板を買いいれて、せっせとオヒョウ釣りにはげんだ。オヒョウ釣りはカナックで経験していたので、慣れたものだ。おまけにここは氷がうすく、鉄棒を一度つきさすとすぐ薄氷に穴があく。二分もあれば直径一メートルばかりの穴は簡単にあいたから、カナックのオヒョウ釣りより手間がかからない。

ここではオヒョウをよくたべた。水だきにしたオヒョウは身がドロドロに骨からはなれ、はしでつかめないほどだが、これがじつにうまい。毎日毎日、脂肪分タップリのスープを、ゲップの出るほど食べた。

釣りに出ない日は、エスキモーの家を訪問し、コーヒーを飲んだり、だべったりした。夜にはきまってアベールの息子と出歩き、ダンスをしたりカードをやったりしてすごした。ここの娘たちもエスキモーの若者たちの例外ではなかった。自由な愛の交歓に、こんどばかりは抵抗なくはいっていったのだった。

しかしここの生活にいつまでもひたっているわけにいかない。犬も背骨のところに肉がつき、目に見えて元気になったようだ。出発しなければならない。それにしてもアベール夫妻になんとお礼をいったらいいだろう。私はアベールに犬を進呈することにした。アベールが前に、チューレの犬がほしいといっていたのを知っていたからだ。プレゼントしたのは十一頭のなかでただ一頭のメス犬で、十頭のアイドル的な存在だったが、腹に仔《こ》をはらんでいて、チューレに着くまえに産むかもしれなかった。生れたばかりの仔犬をかかえて旅をする余裕はない。アベールならきっと大事に育ててくれるだろう。

アベールの家では、奥さんからコーヒーや手製のパンなどをいつもごちそうになっていた。私はお礼とその食事代といった意味をふくめて、百クローネ（五千円）さし出したが、彼はそれを受けとってくれない。彼が受けとってくれるまでには本当にひと苦労だった。

アベールは記念だといって、棚のうえから美しい大きな水鳥の剝製《はくせい》を私にくれた。アヒルほどもある黒っぽい鳥で、犬橇旅行にはおよそ似つかわしくないものだったが、私はアベールの好意を喜んで受けとった。
十時半、いよいよ出発である。アベールも奥さんも、その子供たちもみんな手をふって見送ってくれている。はたしてこの親切な人たちともう一度あうことがあるだろうか。私も橇のうえから何度も何度も大きく手をふった。

**四月八日**

ゴットソア到着。ウパナビック最北端の部落ゴットソアは、エスキモー語で親指という意味である。部落の裏に高度四、五百メートルの垂直に切りたった尖峰があり、それが親指のように見えるところから命名されたらしい。

**四月十三日**

ゴットソア出発。往路サビシビックから十一日間かかってやっとゴットソアまでたどりついたことを考えると、これから先サビシビックまで、十頭に減ったドッグ・チームでは心もとなかった。犬を買うにも金はない。しかたがないので、旅行の途中エスキモーの声をいろいろふきこんでおいたテープレコーダーを手放すことにした。もったいないが、このさいしかたがない。

これで三頭の犬が手にはいった。しかしそれはチューレ地区の犬よりずっと小さい、チンほどの犬二頭と、十歳以上にはなっている老犬だった。これではまだ心細い。私はやっとの思いでもう一頭手にいれた。これは小型カメラ一台との交換である。

なにしろ四月はじめといえば、海氷のうえにアザラシが出はじめ、エスキモーも犬橇を駆って走りまわらなければならない一番忙しいときだ。みなノドから手が出るほど犬がほしい。どんな質の悪い犬でも、手にはいっただけありがたいと思わなければならない。

十四頭になった犬達は快調に走った。これならサビシビックまで、そう難しくはないだろう。往路、氷山のなかに迷いこんで苦労したセルマーサック氷河のあたりで、ゴットソアからいっしょだった、ニルセンの息子ビットス、ヨハンたちとわかれた。彼等はこれから、白熊をもとめて氷山のなかにはいってゆくのだ。

「ジャパニ、気をつけてな」

「ありがとう、グッバイ、おやじさんによろしく伝えてくれ」

彼等は手をふりながら、氷山群のなかに消えていった。

太陽も目に見えてたかくなり、気温もどんどんあがって、キツネのアノラックでは暑いくらいである。犬も快調に走り、往路で不安におびえたことなどウソのようだ。

彼等とわかれて二日目の夕方、海氷上にアザラシを発見した。アザラシは白い氷に、ゴマをばらまいたように点々とちらばっている。アザラシは氷がうすくなり、太陽がたかくなったので、氷上に出て日なたぼっこするようになったのだ。私はアザラシを追いながら北上することにした。橇を少し沖合に出すと、氷のうえは目を疑いたくなるほどのアザラシである。私は橇をあまり近づけないよう、突進したがる犬たちに「アイ、アイ」（止まれ）と声をかけながら徐々に進んだ。ところがライフルをのせるカムターシュ（鉄砲をのせる小さな橇）をセットしようとして、私は自分の身体をかくす白い布地（タッサ）がないのに気がついた。アザラシに気づかれないように接近するには、これがなければ不可能だ。たしかに橇の柄にしばっておいたはずだが、途中でほどけておとしてしまったらしい。目の前にアザラシがゴロゴロ横になっているのに、これではどうしようもない。

しかし私はうまい代用品を思いついた。ランニングシャツを使えばいい。私はトランクのなかからランニングシャツをとり出し、ナイフで胴のところを切ってひろげた。少々汚れてはいるが、黄色いテントや青いキルティングなどよりずっとましだ。私は橇の床板を一枚ナイフで割りとり、シャツをそれに張って、どうにかタッサを完成した。私は犬たちにジェスチャーまじりでいいきかせた。

「いいな、これからお前たちの御馳走のアザラシを撃ってきてやるから、ここにおとなしくじっとしてるんだぞ」

犬たちは私のいってることがわかったのか、騒ぎをやめ、橇の前に坐って私をジッと見つめている。私はタッサをカムターシュのうえにのせ、アザラシのほうにむかって進んだ。四百メートルくらいに接近すると、アザラシがどちらをむいているかわかるようになる。アノラックの毛をむしり、風向きを調べて風下へまわる。タッサを前面に押したて、体をふせて匍匐《ほふく》前進だ。アザラシはノンビリと寝ていても、人や動物の気配には非常に敏感で、少しでも音をたてると、すぐ水のなかへドボンととびこんでしまう。私が二百メートルほどに近づいたとき、アザラシはフッと頭をもたげた。私はサッとタッサのかげに身をかくす。アザラシはまた頭を氷のうえにおとす。また私が前進する。またアザラシが……。アザラシは一・五メートルほどで、ここからならばどこを狙ってもあたりそうだ。アザラシのほうでも気配を感じたのか、タッサのほうをキョトンとした表情で見ている。

約百メートル位だろうか、これ以上近づいてはまずい。私はタッサのかげから鉄砲をつき出し、アザラシの心臓あたりに狙いを定めて引金をひいた。「ズドーン」という音とともに胸にズンと衝撃がくる。しかし狙ったアザラシはカクンと動いただけで、穴のなかにスルリととびこんでしまった。血が流れているところを見ると、当ったことは当ったらしい。

エスキモーたちは、アザラシを撃つには四十メートルから七十メートルまで接近しなければダメだといつも私に教えてくれた。しかし私には、実際の百メートルが、どうしても六、七十メートルに見えてしまう。私の腕では、もっと近づかなければ無理だ。しかし次に狙ったアザラシは海氷上に点々と散って日なたぼっこをしている。

シも急所をはずし、逃げられてしまった。照準がおかしいのだろうか。いや、そんなはずはない。ゴットソアを四人で出たとき、彼等は標的をきめ、私のライフルを試射して、照準を正しくあわせてくれたばかりである。狙いどころが悪かったのかと、こんどは頭を狙ってみたが、これもみごとにはずれ。四頭目は発射もしないうちに逃げられてしまった。腕に自信があったわけではないが、こうもみごとに逃げられてはガッカリしてしまう。四時間かかってついに一頭もとれず、白熊のズボンと手袋をビッショリぬらしただけとはいかにも情ない。

ところが、私がアザラシ狩りに悪戦苦闘している間に、橇のうえではたいへんな事件が起こっていたのである。橇までトボトボたどりついて、その光景を目にしたとき、私は思わず悲鳴をあげてしまった。橇のうえにつんでおいたサビシビックまでの五、六日分の食料が、全部犬に食われてしまっていたのである。犬用食料ばかりではなかった。私の食料も全部である。オヒョウ、サメ肉、コーヒー、紅茶のパック、砂糖、ビスケット、マーガリン……みなあとかたもない。

私はあいた口がふさがらなかった。サビシビックまでの行程のちょうど半分の地点、陸地も見えないバッフィン湾の沖合である。しかしここで途方にくれていてもしかたがない。ここを無事に切り抜けるためにはどうしたらいいだろう。私はこのままサビシビックへ向って前進することにきめた。ゴットソアまでもどったほうがいくぶん近かったが、犬はいま食料を十分とったから、食料なしでも三、四日はもつだろうこと、十四頭の犬がいるから、いよいよとなればそれを食料にできること、また明日はアザラシが獲《と》れるかもしれないこと、などを考えて決断したのである。私はムチをふった。

「チキショー、お前たちのエサにするアザラシを撃ちに行ってやったのに、なんてことをするんだ。こうなったらいうことをきいて橇を引っぱらないと、片っ端から殺して食ってやるぞ、さあ走れ走れ」

しかし食料分の重さが減り、橇は幾分軽くなったはずなのに、犬はあまり走ろうとしない。突然先頭を切って走っていたコンノットが遅れはじめたかと思うと、「ドオー、ドオー」という激しいうめき声といっしょに、さきほど食べた食料をもどしはじめた。そのうちカークの犬もイヌートソアの犬も次々にもどしはじめた。どうも食料は、ケンカの強い犬だけが独占して食べてしまったようだ。ゴットソアで手にいれた弱い犬たちは、吐き出されたヘドを食べあさっている。

犬橇のスピードはもうガタ落ちである。食べすぎて走れない犬を見ていると、腹がたって腹がたって、鎖をふりまわしてやりたくなってくる。だがのぼせて犬にキズでもつけては一層危険だ。私はもうただイライラしていた。夕方、走るのをやめて早々にテントをはる。明日はなにがなんでもアザラシ狩りをしなければならない。今まで一日として日記を書かなかった日はなかったが、この日ばかりはとてもそんな気になれなかった。

**四月十七日**

気温はマイナス二十五度。午後より晴れ。沖合の海氷のほうが走りやすいのに、犬はどういうわけか海岸へ近づきたがる。昨夜あれほどいたアザラシは今日は一頭も見えない。朝九時半に出て、夜十一時まで行動する。犬はもう完全にバテていて、休息のときにはアゴをすぐ雪のうえにおとし、横になってしまう。これまではテントのなかで白熊の恐怖におびえたものだが、今夜ばかりは襲ってくれることを望む。

**四月十八日**

一面のガスで視界がきかない。マイナス二十三度、十時半に出発する。犬は出発してから四時間はどうにか走ってくれたが、午後二時過ぎになると歩くスピードより遅くなる。食料を食べられなかったらしい五頭のうち、ゴットソアで手にいれた小犬二頭とカーウンナの兄犬は、自分の身体をささえるのがせいいっぱいのようだ。隊列からはなしてしまおうかと思ったが、鳴き犬として彼等は必要だ。他の犬への牽制もあって、可哀想だがそのまま走らせることにする。

リーダー犬のコンノットや強いほかの犬は、自分の糞は自分で食べることができる。ところが弱い犬が糞をするときは、強い犬がすかさずその犬のうしろにまわり、出るとすぐにかぶりつく。犬は糞をするとき、ムチでたたかれるときのような声を出して予告するから、ほかの犬にもすぐわかるのだ。前にも書いたが、犬は糞が大好物なので、糞を目の前にすると私のムチくらいではいうことをきかない。

夕方、犬が走らなくなると、私は橇を降り先頭にたって歩いた。そうなると犬たちはムチを恐れる必要がないから徹底的にサボる。

要領の良いイヌートソアの犬のトウーチェ、十歳をすぎたゴットソアの老犬などは完全なサボタージュで、まともに橇をひいているのは、弱い犬だけだ。私の歩く速度は時速三キロほどなのに、犬はそれにさえ遅れがちで、すぐ五十メートルほど間があいてしまう。ゴットソアの犬などはもう完全にへばって、逆に橇にひっぱられている。ムチでたたいても鎖を鳴らしても、全然反応がない。よっぽど殺して食ってやろうかと思ったが、私にすがるような目を向けている犬を見ると、とても殺すことはできない。

午後六時、突然ガスのなかに島影が浮びあがった。一瞬私は幻覚がいよいよ出たのかと思った。疲労がすすむとよくあらわれる現象だからだ。ひょっとするとサビシビック島かもしれない。幾分元気になってくる。地図をとり出してみたが、この島は地図上でどの位置にあたるのか、ついに確認できなかった。夜十二時テントをはる。目まいがする。

「神様助けて下さい」

私はこの言葉をテントのなかで何度くりかえしたことだろう。

## 四月十九日

いま日記帳をひっくりかえしてみてもなんの記入もない。ただ地図の裏に、この日の日づけでこんなことが書き散らしてある。

地図とにらみあい、犬走らず、ノロノロ
一頭の犬クレバスに落ち、海水につかる
食料なしは今日で五日目
犬の肉を食べようか
橇を半分海水に落とす
三日前に逃したアザラシが目の前にチラチラ浮ぶ
ナヌー（白熊）狩りの夢を見る
朝十時半出発、午後十一時テントはる……

この日、自分はとりかえしのつかないことをしてしまったのではないかと考えながら、必死で歩いた。ゴットソアを出てからすでに七日たっている。往路よりも一日の行動時間は長いので、もうかなりサビシビックに近づいているはずなのだが、それらしい影はまったく見えない。八十六万分の一の地図では、わずかにあらわれた地形で判断するのはなかなか難しい。おまけにこの地図はグリーンランド内陸地図ではなく、沿岸航路のための海上地図なのだ。ひとり旅に、こんな程度の地図しか用意していなかったのはまちがいだった。しかし今さらそんなことをいってもはじまらない。とにかく行動しなければならない。

今日こそは、犬を殺すことを真剣に考えた。明日の行動を考えれば、今夜のうちに、三、四頭殺して犬たちに与えなければ、また明日一日を棒にふってしまう。今夜それを実行することが、いまの段階でとれる、一番安全な方法のように思われた。しかし結局私にはできなかった。出発いらいさっぱり戦力にならなかったカーウンナの兄犬などは、食料の第一候補だが、私にはできない。

アムンゼンにしてもナンセンにしても、さらにここのエスキモーにしても、犬を殺すことなど当り前のことであった。シオラパルクでの生活ですっかりエスキモーのなかにとけこむことができたと思っていたのだが、犬についての考え方は、まったく日本人のそれを抜け出していないことが良くわかった。

**四月二十日**

朝、地図と首っぴきで現在位置を推測する。どうやらサビシビックまで四、五十キロの地点らしい。朝六時出発。犬は相かわらずで、私はうしろにまわって橇を押した。やはりテントのなかで推測した位置は正しかった。往路で白熊の足跡を追った地点に出たのだ。

サビシビックまで、まだ三、四十キロある。しかし私が日本列島徒歩縦断を試みたときは、一日平均五十五キロを踏破していた。犬がダメでも、三十キロ程度ならこの脚で十分いける。私はやっと死からのがれたと思った。

突然犬が走り出した。うしろで一所懸命押していた私はあわてて橇にとびのった。白熊か？　アザラシか？　私はとっさにライフルを握りしめた。犬は懸命に走っている。今までヨタヨタ、ヨロヨロ、橇どころでなかった犬は、いま背筋をピンと伸ばし、曳綱もいっぱいにはって威勢がいい。時速二十キロは出ているだろう。

「チキショウ、いままでサボッてたのか」

私は橇のうえで犬たちにうれしい悪態をついた。しかし原因はなんだろう。白熊もいないし、アザラシの姿も見えない。橇は氷山を次から次へと抜けていった。すると突然目の前に海岸が姿をあらわした。なんとサビシビックじゃないか。ちょうど裏手からはいっていたので、わからなかったのだ。犬は一目散に海岸をかけあがり、岩をつんででかくしてあるところで止まった。鼻をならし、足で地面をひっかきながら私を見上げている。それはアパリアスの貯蔵ヤグラであった。犬はこの臭いをかぎつけ走り出したのだった。午後六時、私はやっとサビシビックの部落にはいることができた。

部落の人たちは総出で私を迎えてくれた。見憶えのある顔、顔、顔……。みんなニコニコ笑っている。助かった。私は身体中から力が抜けていくのを感じた。ゴットソアを出てから八日目、往路では十一日かかったから、復路ではそれを三日短縮したことになる。犬たちもよく頑張ってくれた。彼等を殺さないで本当に良かった。

**四月三十日**

四月二十三日サビシビックを出発し、チューレ、マヌサックと、さしたる障害もなく橇は順調に走った。

カナックへの最後の峠イッドルサック氷河に犬を追いあげる。この峠の向う側に、イングレフィールド・フィヨルドがあり、その対岸がなつかしいカナックの部落なのだ。だがいかに峠の上とはいえ、まだ五十キロ以上はなれているカナック部落はみえない。しかし何度も走りなれた地形を見ただけで、「ああ、俺はついにやったぞ」という喜びがこみあげてくる。私は犬をとめ、何度もカメラのシャッターを押した。カナックを根拠地にして走りまわっていたころは、何の感動も浮ばなかったカナック周辺の風景が、いまはなんと感動的なことか。峠のうえの気温はマイナス三十二度、それでも顔の凍傷は少しも痛まない。ひと皮むけてしまったせいもあるのだろうが、それ以上に気分的な理由もあるにちがいない。

峠の下りにかかる。傾斜度三十五度もある急斜面も、橇のランナーに鎖をまきつけ、直滑降でおりる。往きには不安と恐怖で苦労して登ったのに、今はなんのためらいもない。時速三十キロのスピードに、犬たちはひかれまいと懸命に走る。橇はあっという間にイングレフィールド・フィヨルドの海氷の上に出た。幅四十キロのイングレフィールド・フィヨルドは、もう散歩のようなものである。カナックを目前にして、橇にはテント、シュラフ、石油コンロくらいしかつんでいない。それに十四頭の犬もカナックの人の気配を感じているのだろう。スピードはグングンあがる。私は何度も橇のうえにのびあがってカナックの村を探し求めた。

午後一時、ついに山すそにひろがるカナックの村が目にはいった。人の動きも見える。走りまわっている橇も見える。ついにカナックに着いたのだ。私は犬たちに思わず語りかけた。

「オイ、お前たち、ついに無事カナックに着いたんだぞ、ありがとうよ、ありがとうよ」

犬たちは、もう夢中で、少々氷の状態が悪いところでも、ジャンプし、氷の壁をぶち破って疾走《しっそう》していた。

部落はだんだん目の前に迫ってきた。犬も見える。遊んでいる子供も見える。なつかしい肉貯蔵用のヤグラも見える。皆は私がウパナビックまで行ってきたということを信じてくれるだろうか。皆になんと説明したらいいだろう。

橇は村に着いた。なつかしい顔がどっと私をとりかこむ。カナックでの私の定宿アナウッカの顔も見える。

「ハイナフナイ」(元気かい?)

「アユギアイ」(いいよ)

「ウパナビックまで、やっぱり行ってきたのか?」

「そうだ、ひとりで行ってきたんだぜ」

「アヨンナット」(難しかったろう)

質問がとびかい、私は握手ぜめである。ウパナビックに着いたとき打った電報で、皆は知っていたらしいが、それでもこうして顔を見るまでは信じられなかったようだ。するると突然人垣のうしろから「ナオミ、ナオミ」と呼ぶ声がする。イヌートソアとナトックの二人であった。二人はカナックにきていたのだ。

「ナオミ、チキカイ」(ナオミ、よく帰ってきた)

イヌートソアは人垣をかきわけ、私にとびつくと、しっかりと抱きしめ、何度も何度も背中をたたく。ナトックも、

「ナオミ、ナオミ」

と呼ぶだけで、私に抱きついたまま次の言葉がでてこない。目に涙をあふれさせ、しわくちゃの顔をグイグイ私に押しつけてくる。私は頬にナトックのあたたかい涙を感じながら、これで長いつらい犬橇旅行は本当に終わったのだと思った。

「チューレからきたひとが、ナオミはひとりでサビシビックへ行ったが、死んでしまう

にちがいないといっていた。……私はほんとに心配していたんだよ」

「そうだ、ナオミ。お前の電報がくるまで、わしたちは多分死んでしまったにちがいないと話しあっていたんだ」

私がシオラパルクのわが家で、思う存分手足をのばして寝ることができたのは、二月四日、出発してから丸三カ月ぶりのことであった。

# さようならシオラパルク

章扉の写真
シオラパルクの子どもたちと

## シオラパルク——カナック間のスキー横断

三千キロの犬橇旅行を終え、シオラパルクに帰ってから、私はまたもとの生活にもどった。橇にボートをつみこんでセイウチ狩りに出かけたり、またカナダまで白熊狩りに出かけていたカーリと、北極海までの旅を楽しんだりした。

ここで少しふれておきたいのは、シオラパルク——カナック間のスキーによる横断を試みたことである。私がスキーをシオラパルクに持ちこんだのは、なにも退屈しのぎのためではなかった。犬橇訓練のかたわら、この極地でスキーははたしてどの程度役立つものか、テストしてみたかったからである。これにそなえて私は、エベレスト国際隊でいっしょだったノルウェーのオッド君から、ノルディック・スキーの技術を学んでいた。普通のゲレンデ・スキーは、フランスのスキー場でパトロール員のアルバイトをしていたとき、オリンピックのゴールド・メダリスト、ジャン・バルネ氏から学んでいたし、モン・ブラン区のアマチュア・スキー大会でも十三位にはいった実績があったから、いくらか自信はあったのだが、ツアー・スキーとなるとまた勝手が違う。私はオスロでオッド君と五十キロにわたるツアーをこなしてから、このシオラパルクにのりこんできたのだった。オッド君はノルウェー軍の三十キロレースのチャンピオンだから、先生としてはこれ以上の人はいない。

初め私の計画では、犬橇旅行の第三期訓練として、四月から六月にはグリーンランドからスミス海峡を抜けて、カナダへ渡ること、さらにケネディ海峡を北上してグリーンランド最北端のモーリス・ジェサップ岬まで出る旅行を予定していた。しかし第三期の大目標であった三千キロで精も根も使いはたし、とてもそこまで手を出す気持にはなれなかった。シオラパルク——カナック間のスキー単独横断計画は、そのかわりといった意味があったのである。

二十四時間太陽が天にある五月十八日、私は食料とかんたんな着替えをサブザックにつめ出発した。すでに海氷はとけはじめていたから、カナックまで行くには回り道しなければならない。冬には七十五キロの距離であったものが、いまでは百キロほどの道のりになっていた。

しかし結果としてこの計画は失敗した。六、七十キロほどいった地点でスキーの金具がこわれ、あとは歩かなければならなくなったからである。結局カナックまでの十八時間のうち、十時間は歩いていたことになる。その途中、五、六台の犬橇と出あった。私は最後まで歩いてゆくことにきめていたので、「のっていけ」というエスキモーのすすめもことわって歩いた。彼等はスキーをひきずりながらポコポコ歩いている私を、ポカンとした顔でながめ、首をかしげていた。

カナックの村が目の前に見えてきた頃、私の身体は綿のようにクタクタになっていた。ねむりながら歩いたりしたらしいが、それでも遭難の恐怖などまったくなく、ちょっときつい遠足のようなものだった。とにかくバテた。朝九時頃カナックにつくと、私はすぐ政府の販売所にとびこみ、ジュースをがぶ飲みし、ビスケットを食べた。

## 近づく夏

六月にはいると岬に接した海には、さまざまな動物たちがあつまってくる。アザラシ、セイウチ、カモメなどだが、なかでも多いのが、ツバメに似たアパリアスという水鳥だ。アザラシの腹につめて例のキビアにする鳥である。このころシオラパルク付近の山岳地帯は、産卵にやってくるアパリアスでうまってしまう。五月の終わりころから、このアパリアスの大合唱が、目覚し時計がわりになるのだ。この鳥があつまるようになると、部落の者たちは家族うちそろって岬にゆき、タモを持って山腹に登る。そして無数に舞っているアパリアスが、斜面スレスレに飛ぶのを岩陰にかくれていてタモをふるってとるのだ。ちょうど蝶々をアミでとるのと同じ要領で、一日三時間もタモをふっていれば、初めての人でも四、五百羽は楽にとれる。だから五月、六月のエスキモーの主食は、ほとんどこのアパリアスだ。生で食べ、ゆでて食べ、油でいためて食べる。

フィヨルドの海氷のうえに真水の〝湖〟ができ、気温もマイナス十度台まであがる六月は、もう夏のおとずれで、このころになるとエスキモーの服装も、キツネやトナカイのアノラックからビニロンのヤッケにかわる。海氷上の犬橇旅行が不可能になりはじめたころ、カーリは冬に働きの悪かった犬をアッサリと殺してしまった。十四頭のうち四頭がヤグラのうえに首吊りにされてしまったのである。セイウチやアザラシの黒い肉とちがう赤い犬の肉は、エスキモーたちの腹のなかにおさまってしまい、毛皮は子供たちの靴の内皮になった。私も塩だきにした後足のもも肉を一本御馳走になった。何とも妙な気分であった。

シオラパルクの十カ月にわたる生活はいまふり返ってみると、厳しい毎日の連続でもあり、また同時に楽しい毎日の連続でもあった。ウパナビックまでの旅が長びいたため、カナダ旅行まで手がでなかった心残りはあったが、全体としてみればかなり満足できるものであったと思う。

どこにも文明の光ひとつない、孤立した極北のエスキモー部落にたったひとりはいりこみ、生肉を食べたこと、犬橇技術を憶えたこと、太陽のない真暗闇のなかを橇で走ったこと、三千キロの単独旅行をやったこと、いずれも私には十分満足できるものだった。特に三千キロという距離は、南極のロス海から、南極点を経てウェッデル海に抜ける最短コースと同じ距離である。グリーンランドでの全走行距離六千キロの経験は、海氷と陸氷というちがいはあるにしても、南極計画を考えるときに大きなささえとなるだろう。

シオラパルク周辺の岩場にはアパリアスと呼ばれる、ツバメに似た水鳥が産卵にやってくる。これは6、7月の重要な食料源である

六月二十六日、ついにこのシオラパルクの部落に別れを告げる日がきた。この日の朝、イヌートソアとナトックは、はやくから私の家にきて、出発準備を手伝ってくれた。ナトックは泣いていた。しかしいつまでも両親に甘えてここに居るわけにはいかない。

私はできることなら、両親をこの氷の世界から、植物が青々と生い繁り、太陽がさんさんと輝く世界につれていってやりたかった。日本につれていってやりたかった。それも東京よりもどこよりも、私の両親のいる、日本の田舎を見せてやりたかった。私は涙をながして別れを惜しんでいる両親を見ているのが本当につらかった。はたして私は、両親が私を考えてくれていたほど本当に子供になりきっていただろうか。私は彼等をだましていたのではないかという気持は最後までぬぐい去ることができない。イヌートソアは、「ナオミ、アヤガック（キバでつくったケン玉のような遊び道具）を持っていって、日本にいても私たちを思い出すようにしてくれよ」

といって、ひび割れたシワだらけの手で私の手をしっかりと握った。私はナトックに「来年またやってくるからね、それまで元気でいてくれよ」といって、着ていた羽毛服とマフラーを脱いで贈った。部落の人たちにはコーヒー茶碗をくばり、一人一人に世話になったお礼をいった。子供たちには干したイチジクをやって再会を約束した。親しい人たちとの別れは、いつでも、どこでもつらい。私はチューレ基地から飛行機で帰ることになっていた。

犬橇にムチをいれる。

子供たちが橇を追ってかけてくる。

エスキモーたちもみな手をふっている。

さようなら、シオラパルク、さようならイヌートソア、さようならナトック、イミーナ、カーリ、アンナ……。私は必ずもどってくる。それまでのさようならだ。

# あとがき

世界五大陸の最高峰の登頂後、私をとらえてはなさなかったのは、南極大陸単独横断の夢であった。そのために私は一九七一年夏、稚内《わっかない》——鹿児島間を徒歩で縦断した(三千キロ、五十二日間)。南極大陸横断距離の三千キロを、この脚で実際に歩いてみたかったからである。その後一九七二年の一月、二月には、南極のウェッデル海に面したフィシュナー棚氷にあるアルゼンチンのベルグラーノ基地に、偵察にはいった。今回私が世界最北の部落にはいったのは、ここで学んだいくつかの教訓を、実際にテストしてみたかったからである。もちろん身体の気候順化、犬橇技術の習得も大きな目的であった。

そしていま、このエスキモーとの一年間をふりかえり、再び南極計画を検討してみると、残念ながら完全な用意がととのったとはいえない。

たしかにグリーンランドでは所期の目的は十二分に達成されたが、南極となると、まだまだ不十分な要素が多すぎる。私はいま、南極の前に、北極海沿岸で、グリーンランドからカナダをとおり、アラスカのベーリング海まで抜ける一万キロの犬橇旅行を計画している。

私のなかの南極はまだまだ夢の段階である。しかしこの一万キロの犬橇旅行計画が達成されたときには、南極は夢の段階から、具体的なひとつの計画にかわるだろうと確信している。

このグリーンランド計画をいろいろな面で応援してくださった人たちが数えきれないほどいる。私はつらい困難にぶつかったときにはいつも、この人たちのことを思い出し、自分を激励してきた。深く感謝するとともに、心からお礼を申しあげたい。

# 解説　今では不可能な犬ぞりの旅

大島育雄
（在シオラパルク猟師）

グリーンランドにある地球最北の村シオラパルクに私が足を踏み入れたのは、二十五歳のときでした。私はカナダの北端にある山に挑戦するために、このエスキモー（イヌイット）の村で植村直己さんと三カ月の共同生活を送りました。その後私は縁があってこの地に帰化し妻を得て猟師として暮らすようになり、以来四十年。日本を訪ねたのは、四度しかありません。

本書『極北に駆ける』は、南極大陸の犬ぞり横断を目指す植村直己さんが、極地トレーニングとして十カ月をシオラパルクで過ごし、往復で三千キロの犬ぞり旅行をした体験記ですが、同時にその当時のシオラパルクの記録でもあります。

当時は、近隣の米軍チューレ基地に月一、二本の定期便、それと年に一回、夏に交易船がデンマークからやってくるほかは、まったく隔絶した土地でした。チューレ基地に定期便が入ると、地域最大の町であるカナックから犬ぞり隊が派遣され、荷物や人を運んでいました。

今ではシオラパルクの村にもヘリポートがあり、スケジュールはまるであてになりませんがカナックと連絡しています。カナックには飛行場もでき、週一度の定期便がバスのようにグリーンランドの各町を結んでいます。植村直己さんが本書で書いたような道なきところを犬ぞりでふた月かけて向かった目的地ウパナビックまで、今では数時間で行けます。

しかし、このシオラパルクからウパナビックまでの往復三千キロの犬ぞりの旅。実は、現在のグリーンランドでは考えられないことになってしまいました。

いわゆる温暖化のため、チューレ基地のちょっと先のサビシビックまですら、年に一週間程度しか氷が安定しないのです。ましてウパナビックの方では海面は流氷のままで、とても犬ぞりで行くことはできません。

二〇〇八年にはシオラパルクからカナックまでの間ですら氷が割れたりして、真冬でも犬ぞりで行くことができない事態になったことがありました。

また植村さんの頃には、十一月上旬から翌年七月近くまで犬ぞりが使えたものですが、現在ではクリスマス頃から翌年五月頃までしか利用できません。

初夏に犬ぞりでカナックの奥からシオラパルクのほうにやってきて、夏の間キャンプをしながら、本書で書かれているような網で水鳥のアパリアスを獲ったり、くり抜いたアザラシの胴内に何百羽ものアパリアスを詰めて発酵《はっこう》させた〈キビア〉づくりをしたりする人たちがいましたが、今ではいなくなりました。

一九七八年、北極点への犬ぞりによる到達で、単独で挑戦する植村直己さんと私の所属していた日本大学山岳部の隊が争ったことも、今では良い思い出ですが、近い将来、カヤックやモーターボートでの北極点到達が話題になるかもしれません。

一九八〇年代末に、村の人たちの努力で発電所が出来て以来、この地も大きく変わりました。かつては村にひとつしか電話はなく、それも交信状況がひどく悪いものでしたが、今では私の家にも電話やファックスがあります。テレビで世界のニュースも即座に知れます。子どもたちはネット通販を楽しんでいますし、商品はスウェーデンからでも一週間でこの地まで届きます。

今もこのシオラパルクは狩りで生活をしていることに変わりはありません。犬ぞりで、セイウチやアザラシを獲って暮らしています。

しかし近年、環境保護団体の声が大きくなり、私たちの生活が脅《おびや》かされるようになりました。EUがアザラシの毛皮の輸入を禁止しようとしたり、自治政府からも、セイウチ猟を一シーズン、一人一頭に規制する通達がでたりと、年を追うごとに、猟で生活を立てることは厳しくなっています。

狩猟規制の効果もあってか、私たちの暮らすフィヨルドでは、セイウチが大群でのんびりしています。獰猛《どうもう》なセイウチが増えるとアザラシが逃げてしまい泣き面《つら》にハチです。夏、政府の生態学者が頭数調査をする季節にはセイウチもみんなカナダ沖に行ってしまうので、一頭も見当たらない。その結果で絶滅の危険性があるなどとレポートをまとめて狩猟規制が厳しくなっているのですから、猟師としては歯がゆくてなりません。

そういうこともあり、一時百人を超えていたシオラパルクの人口は、五十人以下に激減してしまいました。

本書に登場する人びとの人生も、その後大きく変わりました。今はカナックで暮らす子もいれば、自殺してしまった子もおり……。植村直己さんの家に一番のりで押しかけて、「フナウナ（これは何?）」と好奇心の塊《かたまり》だった当時五歳のターベは、結婚して夫婦でカナダへと移住していきました。

四十年近くこの地で暮らしている私などは、すっかり古参です。アザラシの皮をつかったムチや、アノラック、カミック（防寒靴）、なんでも作れるようになり、専門学校から皮の処理のレクチャーでまねかれることもあります。

今は色々と代替できる商品も売っていますが、やはりゴム製などではひどく寒いときには割れたりと限界があります。環境が必要とするものは自分たちで作れたほうが良いと思いますし、私の子どもたちもひと通り作れるように育てました。

本書には様々なこの地の食べ物が出てきます。アザラシやクジラの生肉、そしてキビアなど、植村さんは実に生き生きと書かれていますが、生肉にしてもキビアにしても、最初は胃が受け付けなかった食べ物も、だんだんうま味が感じられて病《や》みつきになるのは、不思議なものです。植村さんはいつも村内のよそのうちに遊びにいき、そこでいろんなものを食べていました。

食べ物の思い出といえば、植村さんは、塩をたっぷりと振って、堅く干《ほ》したサメ肉をストーブの上に吊るしていました。それを時どき削ってフライパンに米と混ぜ入れ炊《こ》いていました。味は悪くないのですが、口が曲がるほどしょっぱい。それに植村さんは胡椒《しょう》を大量に入れるので舌がヒリヒリと痛かったものです。

サメの肉にはアンモニアが強く含まれており、ここでは「毒がある」と言ってあまり食べません。浜辺《はまべ》でアザラシを解体したりしていると流れ出た血の匂いで寄ってくるので、鉤棒《かぎぼう》でひっかけて簡単に獲れるのですが、犬の餌にするぐらいです。こちらでは、サメ肉は茹《ゆ》で汁を何度も代えてアンモニアを抜いてから、フライパンで焼きます。それは植村さんが去ったあとで教えてもらいました。白身魚のような味ですが、ほかにも旨い肉はあるので好んでサメ肉を食べることはありません。

南極大陸を犬ぞりで横断する計画はシオラパルクの家に夜ふたりでいるときに、植村さんから幾度となく聞きました。そのために冒険に挑戦し、記録をたて、それをアピールしなければ、という強い意志が彼にはありました。本書で書かれたシオラパルクでの十カ月の生活のあと、一年半をかけた北極圏一万二千キロの犬ぞり旅行や、北極点単独行、グリーンランド縦断（一九七四年〜一九七八年）と立てつづけに冒険をしていきます。

自分はこういったことをしてきた、できる、という強いアピールがないと、次の冒険への扉を開くことができません。たとえば南極点にはアメリカのアムンゼン・スコット基地があります。ここを通らないと極点通過の記録が認められないのですが、その基地通過の許可証を得るためには、これまでの経験が問われます。冒険の準備には多くの人が関わりますし、その人たちの期待をつなぐためにも成果を見せなければならない。やらなければならない、と自分を追いこんでいくのだと、植村さんは私に語っていました。

一九八二年、フォークランド紛争の余波で南極計画が頓挫《とんざ》した直後、植村さんがグリーンランドを訪ねてきたことがありました。町の人から借りた犬ぞりでシオラパルクへとやってきた植村さんはさすがに意気消沈した様子を見せていました。北海道に野外学校を設立する夢なども語っていましたが、それでも南極への夢をあきらめていないようでした。

一九八四年に消息を絶ったマッキンリー冬期単独登頂もまた、植村さんにとって南極への挑戦の一歩だったのだと思っています。

シオラパルクで植村さんと暮らしていたある日のことです。

明け方、火が消えたかにみえたストーブに石油をかけたところ、生きていた種火に引火し爆発的な燃焼を起こして、蓋《ふた》が一瞬持ち上がり部屋中に煤《すす》をまき散らしたことがありました。

「なんだなんだ」と慌てて跳ね起きてきょろきょろとしていた植村さんの顔は、煤を真正面から被《かぶ》って真っ黒。

あれから四十年経《た》ちますが、今でもあの時の植村さんの顔を思い出します。

そして、まわりの人々を常に大切にすること、不器用でも努力としぶとさがあれば、思いもよらぬ計画すらなし遂げ得ることを身をもって示し励ましてくれたのも、植村さんでした。

（二〇一〇年十二月）

写真　植村直己
章扉　石崎健太郎
地図　高野橋康
　　　久留米太郎兵衛
カット　坂田政則
DTP　ジェイエスキューブ

単行本　一九七四年七月　文藝春秋刊

本書は、一九七七年十一月に刊行された文春文庫『極北に駆ける』の新装版です。
（データなどは、文庫刊行当時のものを尊重しました）

本書には、今日では差別的ととられかねない表現がありますが、もとより作者に差別を助長する意図はありません。読者の皆さまには本書を注意深くお読みくださるようお願い申し上げます。

文春文庫編集部

文春文庫

極北《きょくほく》に駆《か》ける

定価はカバーに
表示してあります

2011年2月10日　新装版第1刷
2018年1月5日　第2刷

著　者　植《うえ》村《むら》直《なお》己《み》

発行者　飯窪成幸
発行所　株式会社　文藝春秋

東京都千代田区紀尾井町 3-23　〒102-8008
TEL　03・3265・1211(代)
文藝春秋ホームページ　http://www.bunshun.co.jp

落丁、乱丁本は、お手数ですが小社製作部宛お送り下さい。送料小社負担でお取替致します。

印刷製本・凸版印刷

Printed in Japan
ISBN978-4-16-717807-9

（　）内は解説者。品切の節はご容赦下さい。

植村直己
**エベレストを越えて**
一九八四年二月、マッキンリーに消えた不世出の冒険家が、一九七〇年の日本人初登頂をはじめ、五回にわたる挑戦を通じて人類を魅きつけてやまないエベレストの魅力のすべてを語る。
う-1-5

植村直己
**青春を山に賭けて**
エベレスト、モン・ブラン、キリマンジャロ、アコンカグアなど五大陸最高峰の世界初登頂の記録と、アマゾン六千キロに挑むイカダ下り。世紀の冒険野郎の痛快な地球放浪記。（西木正明）
う-1-6

植村直己
**極北に駆ける**
南極大陸横断をめざす植村直己。極地訓練のために過ごした地球最北端に住むイヌイットとの一年間の生活、彼らとの友情、そして大氷原三〇〇〇キロ単独犬ぞり走破の記録！（大島育雄）
う-1-7

宇都宮直子
**浅田真央　age15－17**
超一流の技術と、可憐にして繊細な表現力。かつての天才少女は世界のトップアスリートへと成長した。いち早く真央の才能に着目していた著者による、貴重な青春の記録。秘蔵フォト満載。
う-24-1

宇都宮直子
**浅田真央　age18－20**
バンクーバー五輪に向けて突き進む18歳から、銀メダルに輝いた19歳、ジャンプ矯正に苦しみつつ新たな一歩を踏み出した20歳まで、挑戦を続ける浅田真央の素顔を描いた決定版。
う-24-2

川﨑宗則
**逆境を笑え**
野球小僧の壁に立ち向かう方法
アメリカで最も愛される日本人ベースボールプレイヤー、川﨑宗則。米球界に挑戦しつづける不屈の男は、失敗を恐れず、「苦しい時こそ前に出る」。超ポジティブな野球小僧の人生論。
か-70-1

木村元彦
**オシムの言葉　増補改訂版**
人の心を動かした箴言の数々――。サッカー界のみならず、各界の日本人に多大な影響を与えた名将・イビツァ・オシムの半生を、綿密な取材でたどる。新原稿を書き下ろした増補改訂版。
き-38-1

沢木耕太郎
**敗れざる者たち**
クレイになれなかった男・カシアス内藤、栄光の背番号3によって消えた三塁手、自殺したマラソンの星・円谷幸吉など、勝負の世界に青春を賭けた者たちのロマンを描く。（松本健一）
さ-2-2

田部井淳子
**それでもわたしは山に登る**
世界初の女性エベレスト登頂から40年。がんで余命宣告を受け治療を続けながらも常に前を向き、しびれる足で大好きな山に登りつづけた——惜しまれつつ急逝した登山家渾身の手記。
た-97-1

永田　玄
**ゴルフに深く悩んだあなたが最後に読むスウィングの5ヵ条 完全版**
「立つ」「捻る」「遠心力」「管理」「連動」といううわずか5つの言葉で、ゴルフのスウィングを解析したレッスン書。フィジカルとメンタルを同時にコントロールすることを目指す。
な-72-1

松井秀喜
**エキストラ・イニングス**
僕の野球論
人生で出会った素晴らしき「野球人」たち——。師・長嶋茂雄、同世代の天才、イチロー、好敵手と認める高橋由伸……。日米で大活躍した「ゴジラ」がすべてを明かす究極の野球論。
ま-37-1

三浦知良
**Dear KAZU**
僕を育てた55通の手紙
カズはいかにして、キングとなったのか。ペレ、ジーコ、バッジョ、香川真司……世界中から届いた55通の手紙が物語るサッカー界のレジェンドの人生。長谷部誠からの手紙を特別収録。
み-49-1

村上春樹
**シドニー！**
①コアラ純情篇
②ワラビー熱血篇
走る作家の極私的オリンピック体験記。二〇〇〇年九月、興奮と熱狂のダウンアンダー（南半球）で、アスリートたちとともに過ごした二十三日間——そのあれこれがぎっしり詰まった二冊。

む-5-5

柳澤　健
**完本　1976年のアントニオ猪木**
アリ戦、ルスカ戦、ソンナン戦、ペールワン戦、1976年に猪木が戦った伝説の4試合を徹底検証した傑作ノンフィクション。文庫化に際し猪木氏のインタビューを収録。（海老沢泰久）
や-43-1

（　）内は解説者。品切の節はご容赦下さい。

**八木沼純子**
**アイスモデリスト**
国民的人気スポーツとなったフィギュアスケートは、二〇一四年のソチ五輪において、大きな注目を集めた。浅田真央、村上佳菜子、髙橋大輔、羽生結弦、町田樹ら、選手たちの貴重な肉声。
や-56-1

**矢野大輔**
**通訳日記**
ザックジャパン1397日の記録
この道は、2018年ロシアに続いていく。グループリーグ敗退に終わったブラジルW杯のザックジャパン。しかし、チームは熱い意志に包まれていた。監督通訳による克明な日記。
や-65-1

**鷲田　康**
**10・8**
巨人vs.中日　史上最高の決戦
長嶋茂雄は語る。「野球のすべての面白さを凝縮した試合だった」。日本中が沸いた1994年10月8日、シーズン最終戦。勝った方が優勝という大一番の舞台裏を鮮烈に描く。（渡部　建）
わ-20-1

**スポーツ・グラフィック ナンバー　編**
**完本　桑田真澄**
鮮烈な甲子園デビューから、波紋を呼んだドラフト、逆境に耐えた日々、メジャー挑戦、潔い引き際まで。不断の努力を貫いた男の哲学を凝縮した、感奮の一冊。年表、データ、名言集を収録。
編-2-40

**スポーツ・グラフィック ナンバー　編**
**日本人メジャーリーガーの軌跡**
野茂英雄のメジャーデビューから二〇一五年で二十年。イチロー、松井秀喜、松坂大輔、上原浩治、ダルビッシュ有。ナンバー誌だけが聞いた、サムライたちの貴重な肉声がここにある！
編-2-54

**スポーツ・グラフィック ナンバー　編**
**桜の軌跡**
ラグビー日本代表 苦闘と栄光の25年史
ラグビーW杯2015、日本対南アフリカ。史上最大の番狂わせはいかにしてなされたのか。この快挙に至るまでの日本代表四半世紀の苦闘を、ナンバー掲載の珠玉の記事で振り返る。
編-2-55

**スポーツ・グラフィック ナンバー　編**
**日本野球25人　私のベストゲーム**
長嶋は「10・8」、秋山は「バック宙」、桑田は「池田戦」、清原は「宇部商戦」、イチローは「県大会準々決勝」……。偉大なる野球人たちが熱く語るベストゲーム。（海老沢泰久）
P70-9

（　）内は解説者。品切の節はご容赦下さい。

安西水丸
## ちいさな城下町
有名無名を問わず、水丸さんが惹かれてやまなかった村上市・行田市・中津市・高梁市など二十一の城下町。歴史的事件や人物の逸話、四コマ漫画も読んで楽しい旅エッセイ。（松平定知）
あ-73-1

池波正太郎
## あるシネマディクトの旅
「はじめてフランスへ行った。フランス映画を四十年も観てきた所為か、すこしも違和感がなかった」。映画と食をめぐるフランス旅行記三作をまとめた文庫オリジナル。著者カラー挿絵多数。

い-4-92

横見浩彦・牛山隆信
## すごい駅！
秘境駅、絶景駅、消えた駅
板切れホームの哀愁漂う北星駅。超絶崖っぷちにある定光寺駅。惜しまれつつ廃止となった石北本線の駅の数々――。テツの神が日本最高の駅を語り尽くした伝説的対談！　鉄旅必携！
う-33-1

小林泰彦
## 日本百低山
標高1500メートル以下の名山100プラス1
低山にも名山あり。標高1500メートル以下の山々を全国から百山選んだ親本に、新たにプラス1。さらに登山情報をアップデート。低山歩きの名人が厳選した低山ガイドの決定版！
こ-42-1

沢木耕太郎
## 貧乏だけど贅沢
人はなぜ旅をするのか？　井上陽水、阿川弘之、群ようこ、高倉健など、全地球を駆けめぐる豪華な十人と、旅における「贅沢な時間」をめぐって語り合う。著者初の対談集。（此経啓助）
さ-2-18

さとなお
## 極楽おいしい二泊三日
日本全国食べつくし！

旅先のごはんは絶対にハズしたくない！　そんな願いを叶えるうまいもの尽くしの旅（食べ）エッセイ。読めば旅に出たくなること必至のさとなおさん厳選15エリア×二泊三日旅。

さ-62-1

青木新門
**納棺夫日記**
増補改訂版

〈納棺夫〉とは、永らく冠婚葬祭会社で死者を棺に納める仕事に従事した著者の造語である。「生」と「死」を静かに語る、読み継がれるべき刮目の書。（序文／吉村 昭・解説／高 史明）

あ-28-1

秋元良平 写真・石黒謙吾 文
**盲導犬クイールの一生**

盲導犬クイールの生まれた瞬間から温かな夫婦のもとで息を引き取るまでをモノクロームの優しい写真と文章で綴った感動の記録。映画化、ドラマ化もされ大反響を呼んだ。（多和田 悟）

あ-69-1

稲泉 連
**仕事漂流**
就職氷河期世代の「働き方」

働くこと＝生きること。——選択肢が消えていく。常に不安だから走り続けるしかない……。就職氷河期に仕事に就いた八人の、「働くこと」を巡るそれぞれの葛藤。（中原 淳）

い-65-2

石井光太
**物乞う仏陀**

アジアの路上で物乞いをする子供や障害者たち。彼らは日々、何を考えて生きているのか。インド、タイ、ネパール、カンボジア、ミャンマーなどを巡り、その実相を伝える。大宅賞候補作。

い-73-1

石井光太
**アジアにこぼれた涙**

アフガン難民の絵師、ジャカルタのゲイ娼婦、息子をさらわれたイラク人、マニラのストリートチルドレン。世界各地の貧困地帯を巡ってきた著者が描く「忘れられたアジア人」の物語。

い-73-2

一志治夫
**奇跡のレストラン アル・ケッチァーノ**
食と農の都・庄内パラディーゾ

日本海にほど近い、山形・庄内の小さな町に建つ伝説のレストラン。天才シェフと彼を支える生産者たちが作りあげた「地場イタリアン」には地方再生のヒントが隠れている。（今野楊子）

い-86-2

石井妙子
**日本の血脈**

『文藝春秋』連載時から大きな反響を呼んだノンフィクション。政財界、芸能界、皇室など、注目の人士の家系をたどり、末裔ですら知りえなかった過去を掘り起こす。文庫オリジナル版。

い-88-1

（　）内は解説者。品切の節はご容赦下さい

（　）内は解説者。品切の節はご容赦下さい。

一ノ瀬俊也
**米軍が恐れた「卑怯な日本軍」**
帝国陸軍戦法マニュアルのすべて
沖縄戦直後に作成された米兵向け小冊子「卑怯な日本軍」。そこには、さまざまな「卑怯な」実例が紹介されている。だがそうした策略には日中戦争が大きく影響していたのだ。（早坂　隆）
い-95-1

飯島　勲
**小泉官邸秘録**
総理とは何か
五年半の間に多くの改革を成し遂げた小泉純一郎内閣で首席総理秘書官を務めた著者が、すべての内幕を書いた貴重な記録。リーダーシップとは何かがわかる一冊。（田﨑史郎）
い-101-1

上前淳一郎
**複合大噴火**
一七八三年、日本と欧州でほぼ同時に火山の大噴火が起き、大きな社会変動をもたらした。この事実は何を意味するのか？　現代の災害対策に鋭い問いを投げかける警告の書。（三上岳彦）
う-2-47

上野正彦
**死体は語る**
もの言わぬ死体は、決して嘘を言わない――。変死体を扱って三十余年の元監察医が綴る、数々のミステリアスな事件の真相。ドラマ化もされた法医学入門の大ベストセラー。（夏樹静子）
う-12-1

内田　樹・高橋源一郎　選
**嘘みたいな本当の話**
あらゆる場所の、あらゆる年齢の、あらゆる職業の語り手による信じられないほど多様な実話。一五〇〇通近く応募された中からよりすぐられたリアル・ショート・ストーリー一四九篇。
う-19-18

内田　樹・高橋源一郎　選
**嘘みたいな本当の話　みどり**
身近に起きた、小さな奇跡を集めた実話集第二弾。著名人の「嘘みたいな本当の話」も収録。極上の味わいを持ったショートストーリー。選者二人の文庫版まえがきとあとがきを新録。
う-19-22

上原善広
**日本の路地を旅する**
中上健次はそこを「路地」と呼んだ。自身の出身地から中上健次の故郷まで日本全国五百以上の被差別部落を訪ね歩いた十三年間の記録。大宅壮一ノンフィクション賞受賞。（西村賢太）
う-29-1

上原善広
**異邦人**
世界の辺境を旅する

スペインの山間部の被差別民カゴ、ネパール奥地の不可触民の少女、戦渦のバグダッドで生きるロマ……迫害され続ける人々の魂に寄り添って描き出す、渾身のルポ。（麻木久仁子）

う-29-2

榎本まみ
**督促ＯＬ　修行日記**

日本一ツライ職場・督促コールセンターに勤める新卒の気弱なＯＬが、トホホな毎日を送りながらも、独自に編み出したノウハウで年間二千億円の債権を回収するまでの実録。（佐藤　優）

え-14-1

榎本まみ
**督促ＯＬ　奮闘日記**
ちょっとためになるお金の話

督促ＯＬという日本一辛い仕事をバネにし人間力・仕事力を磨くべく奮闘する著者が、借金についての基本的なノウハウを伝授。お役立ち情報、業界裏話的爆笑4コマ満載！（横山光昭）

え-14-2

奥野修司
**ねじれた絆《きずな》**
赤ちゃん取り違え事件の十七年

小学校入学直前の血液検査で、出生時に取り違えられたことが発覚。娘を交換しなければならなくなった二つの家族の絆、十七年の物語。文庫版書きおろし新章「若夏《うりずん》」を追加。（柳田邦男）

お-28-1

奥野修司
**ナツコ　沖縄密貿易の女王**

米軍占領下の沖縄は、密貿易と闇商売が横行する不思議な自由を謳歌していた。そこに君臨した謎の女性、ナツコ。誰もがナツコに憧れていた。大宅賞に輝く力作。（与那原　恵）

お-28-2

奥野修司
**心にナイフをしのばせて**

息子を同級生に殺害された家族は地獄の苦しみの人生を過ごしていた。しかし、医療少年院を出て、「更生」した犯人の少年は弁護士となって世の中で活躍。被害者へ補償もせずに。（大澤孝征）

お-28-3

奥野修司
**再生の島**

親が子に真剣に向き合った時に子は変わる。沖縄の離島の山村留学施設で、ゲームなし、携帯禁止、消灯夜十時の生活を始めた中学生らが健やかに変身を遂げた一〇〇〇日間のレポート。

お-28-4